HELMUT GEBELEIN

ALCHEMIE

HELMUT GEBELEIN

ALCHEMIE

DIEDERICHS KOMPAKT

Bibliografische Information der Deutschen Bibliothek:

Die Deutsche Bibliothek verzeichnet diese Publikation
in der Deutschen Nationalbibliografie;
detaillierte bibliografische Daten sind im Internet
unter http://dnb.ddb.de abrufbar.

Textredaktion: Andrea Fausel
Umschlaggestaltung: Die Werkstatt München /
Weiss · Zembsch
Produktion: Ortrud Müller
Satz: EDV-Fotosatz Huber/Verlagsservice G. Pfeifer,
Germering
Druck und Bindung: Druckerei Huber,
Garching-Hochbrück
Printed in Germany

ISBN 3-7205-2501-5

INHALT

EINFÜHRUNG

Schon die Herkunft des Wortes »Alchemie« ist unklar: Es herrscht zwar weitgehend Einigkeit darüber, dass »Al« der arabische Artikel ist, der sich ja auch in vielen anderen chemischen Bezeichnungen wie Alkohol, Alkali, Alkahest usw. findet. Die Herkunft des Wortteils »Chemie« bleibt jedoch ein Rätsel. Er soll auf einen chinesischen Ausdruck zurückgehen oder aber aus Ägypten stammen, dort war »Chemia« die Bezeichnung für eine schwarze Erde. Vielleicht kommt der Ausdruck auch von griechisch *chyma* = Metallguss oder *chymos* = Saft oder er geht auf Chem, den Sohn Noahs zurück, der die entsprechenden Kenntnisse – wenigstens teilweise – über die Sintflut gerettet haben soll. Als weitere Möglichkeit wird die Herkunft von einem gefallenen Engel namens Chemes, der in den Apokryphen erwähnt wird und der den Menschen die Kunst der Alchemie gegeben haben soll, genannt und ebenso ein König Alchimius, der als Erster alchemistische Schriften verfasst haben soll, oder ... Woher auch immer das Wort stammen mag, es verliert gegen Ende des 18. Jahrhunderts wieder den arabischen Artikel und wird damit zur »Chemie«.

Die Alchemie gilt als eine esoterische Wissenschaft, eine Geheimwissenschaft. Das Wort »Esoterik« stammt vom griechischen *esoterikós* und meinte ursprünglich »die eigene Gemeinschaft betreffend« oder »der allgemeinen Öffentlichkeit nicht zugänglich«. Der Gegensatz dazu ist *exoterikós*, »auswärtig«, »nicht zur eigenen Gemeinschaft gehörend«. Daher waren die meisten Werke der griechischen Philosophen »esoterisch«, sie waren nur für die Schüler der jeweiligen Philosophenschule gedacht, nicht für die Allgemeinheit.[1] Ähnliches galt im Mittelalter für die Zünfte oder die Bauhütten, sie waren in diesem Sinne esoterische Gemeinschaften oder Geheimgesellschaften. Das galt auch für die Alchemisten, denn sie waren, wie uns der Alchemist Denis Zacharias (1510?–1556) aus Paris zu berichten weiß, als Zunft organisiert, deren Mitglieder sich regelmäßig in der Kathedrale Notre-Dame trafen. Die Weitergabe des Wissens einer Zunft war bei Strafe verboten. Bereits 1099 wird aus Utrecht von einem Bürger berichtet, der den dortigen Bischof totschlug, weil dieser seinem Sohn das Meister-Arkanum bezüglich der Fundamentlegung der Kirchenbauten abgelockt habe.[2]

Die Schriften der Alchemisten waren daher bewusst nur schwer verständlich. Ein Unbefugter, einer, der nicht die Grundkenntnisse der Zunft beherrschte, sollte sie nicht verstehen können. Daher sind die Werke in einer »Arkansprache«, einer Geheimsprache, verfasst.

Festgehalten werden muss also, dass esoterisches Wissen absichtlich geheim gehalten wurde. Allerdings kann es gelehrt und erlernt werden, es wird nur – aus welchen Gründen auch immer – nicht öffentlich gelehrt. In diesem Punkt hat sich so viel gar nicht geändert. Auch heute noch ist das Studium eine Art »Einweihung« in die »Arkansprache« der jeweiligen Wissenschaft. Ohne diese »Initiation« sind die Fachausdrücke unverständlich. Wer kann, wenn er nicht diese »Einweihung« erhalten hat, schon etwas anfangen mit Ausdrücken wie »Ethansäure« oder »4–(b-D-Galactopyranosyl)-D-glucopyranose«[3], um nur zwei relativ einfache Beispiele aus der Chemie zu nennen. Die Prüfungen wären dann als Aufnahmeritual in den Kreis der Eingeweihten zu verstehen.

Das Wissen der Alchemie, selbst wenn es öffentlich gelehrt wird, bleibt schwer nachvollziehbar, denn es erfordert sehr viel Arbeit, die Vorschriften der Alten nachzuarbeiten. Es ist also ein Geheimwissen wie das anderer Künstler, ein Wissen und Können, das nur durch arbeitsintensives Üben und durch Intuition erhalten wird, ein Üben, das durch nichts ersetzt werden kann. Anleitung durch Lektüre oder einen Lehrer ist natürlich möglich, wie in der Kunst auch, doch das allein reicht nicht aus. Es ist daher gar nicht so verwunderlich, dass die Alchemie noch immer als Kunst bezeichnet wird.

Der Begriff »Esoterik« hat im Laufe der Zeit eine Erweiterung erfahren, zum einen gelten als esoterisch insbesondere religiöse und philosophische Lehren, die nur für einen kleinen Kreis ausgewählter Menschen, die als wertvoll erachtet werden, verständlich sein sollen.[4] Zum anderen werden unter dem Begriff auch allerlei Spekulationen magischer Art sowie Andeutungen über geheimes Wissen, das bevorzugt an verborgenen Plätzen in den Bergen des Himalaya von Weisen bewahrt wird, verstanden.[5] Da dabei die Unterschiede der diversen Lehren verwischt werden, kann es zu Aussagen wie »Alles ist Alchemie« kommen. Einer ernsthaften Beschäftigung mit der Alchemie ist damit nicht gedient.

Gemeinhin wird die Alchemie als die – nach unseren heutigen Kenntnissen natürlich vergebliche – Kunst des Goldmachens verstanden. Denn die Elemente lassen sich nur mit großen Energien, wie sie bei Kernreaktionen auftreten, umwandeln. Alle Versuche der Alchemisten mussten daher vergeblich bleiben. Allerdings war die Umwandlung eines unedlen Metalls, meist Blei oder Quecksilber, in Gold für die Alchemisten keine Elementumwandlung, sondern eine Stoffumwandlung.

Bis ins 18. Jahrhundert wurde die Theorie der vier Elemente Erde, Wasser, Feuer und Luft akzeptiert, die auf den griechischen Philosophen Empedokles (490?–430 v. Chr.) zurückgeht. Mit Hilfe des Feuers lässt sich in einem einfachen Versuch Holz in diese vier Elemente zerlegen. Erhitzt man Holz im Reagenzglas, so entstehen Gase, das heißt das Element Luft, flüssiger

Holzgeist, das Element Wasser, Asche, das Element Erde, und ein brennbares Gas, das Element Feuer. Feuer ist also zusätzlich dadurch ausgezeichnet, dass es nicht nur zur Zerlegung in die Elemente dient, sondern dabei auch selbst wieder entsteht. Erst die moderne Elementen-Theorie, nach der ein Stoff, der chemisch nicht mehr zu zerlegen ist, als Element bezeichnet wird, führt dazu, eine Transmutation unmöglich erscheinen zu lassen. Allerdings wurde erst zu Beginn des 20. Jahrhunderts eine Methode gefunden, die Elemente eindeutig identifizierbar macht. Noch im 19. Jahrhundert wird über mehr als 170 Elemente berichtet, die sich nicht bestätigen ließen.[6]

Das Bild der Alchemie ist auch geprägt durch Gemälde, die den Alchemisten in Laboratorien zeigen, die voller geheimnisvoller Gegenstände sind. Nicht nur Laborgeräte und Bücher sind zu sehen, sondern auch Fledermäuse, Krokodile und andere exotische Gegenstände. Diese Vorstellung geht vor allem auf den Maler David Teniers den Jüngeren (1610–1690) zurück, der rund 900 Bilder gemalt hat, darunter auch 22 Alchemistendarstellungen, die er mit Versatzstücken aus anderen Bildern anreicherte. Laboratorien, wie sie die Alchemisten besaßen und wie sie auf Illustrationen alchemistischer Schriften zu sehen sind, unterschieden sich bis ins 19. Jahrhundert nicht wesentlich von den Laboratorien der Chemiker. Das alte Labor im Justus-Liebig-Museum in Gießen entspricht noch recht genau einem alchemistischen Labor. Erst das neue Labor, das Justus Liebig (1803–1873) 1839 baute, ist ein modernes Labor, das zum Prototyp aller Laboratorien in Forschung und Lehre wurde. Bücher, insbesondere Handschriften, waren dabei natürlich immer in Gefahr, bei einem der durchaus nicht seltenen Brände im Labor zerstört zu werden.

Die Darstellungen der Laboratorien zeigen immer auch Waagen. In der Bibel wird gesagt, dass Gott die

Welt nach Maß, Zahl und Gewicht geordnet habe, daher ist zu erwarten, dass auch die Alchemisten die Waage schätzten. Im Museum in Kairo ist eine altägyptische Waage ausgestellt. Sie unterscheidet sich nicht von denen auf Abbildungen von alchemistischen Laboratorien. Erst im 19. Jahrhundert wurden die Waagen wesentlich verbessert, eine Schneide am Waagbalken ermöglichte eine bis dahin nicht für möglich gehaltene Genauigkeit der Wägung. Analysen alter Legierungen zeigen recht genaue Werte der Anteile der verschiedenen Metalle, ohne Waage und eine dazu gehörende Theorie über ihre Zusammensetzung ist dies undenkbar.

Es klingt vielleicht eigenartig, doch die Chemie, wie wir sie heute kennen, ist eine junge Wissenschaft, ihre Anfänge gehen nur bis ins 18. Jahrhundert zurück. Erst die Ablösung der in alchemistischer Tradition stehenden Phlogistontheorie, nach der bei der Verbrennung ein Feuerstoff, das Phlogiston, entweicht, durch die Erklärung der Verbrennung als Sauerstoffaufnahme durch den französischen Chemiker Antoine-Laurent Lavoisier (1743–1794) schuf die moderne Chemie. Die Suche nach dem Phlogiston führte nämlich zur Entdeckung des Sauerstoffs.

Die Verbrennung – also das alte Element Feuer – steht damit auch am Beginn der modernen Chemie. Gleichzeitig ist die Chemie oder die Alchemie eine uralte Wissenschaft. Der Mensch, wenn wir von den Drachen in den Sagen absehen, ist das einzige Lebewesen, das Feuer benutzt. Mit der Nutzung des Feuers beginnt recht eigentlich die Chemie, denn alle Veränderungen, die das Feuer bewirkt, sind chemische Vorgänge.

In der europäischen Kulturgeschichte wird der Begriff »hermetische Philosophie« als Synonym für Alchemie benutzt.[7] Eine Definition, die sich nur auf die Goldmacherei beschränkt, greift daher zu kurz. Die hermetische Philosophie war ein synkretistisches System. Das Beste aus den verschiedensten kulturellen und religiösen Strömungen der Zeit wurde aufgenommen und in ein – nicht immer einheitliches – System gebracht; dazu gehörte eine Naturbetrachtung – nicht Naturwissenschaft – mit einer kosmologischen Komponente. Man kann sagen, die Alchemie ist der Teil der hermetischen Philosophie, der sich mit der Umwandlung der Stoffe im Labor beschäftigt.

Die Alchemie war ein völlig anderes System der Naturerklärung als unsere heutigen Naturwissenschaften. Sie war zum einen eine »ganzheitliche Wissenschaft«, sie umfasste Kunst, Medizin, Religion und Wissenschaft. Das bedeutete auch, dass dieses Modell der Naturerklärung moralisch-ethische Kategorien genauso beinhaltete wie ästhetische Kategorien. Dies ist einer der Gründe dafür, dass die Alchemisten selbst ihre Wissenschaft als Kunst bezeichneten. Das Symbol dieser Ganzheitlichkeit und gleichzeitig der ewigen Wiederkehr ist der Ouroboros, die Schlange oder der Drache, der sich in den eigenen Schwanz beißt.

Zum anderen unterscheidet sich die Alchemie von der Naturwissenschaft durch den Umgang mit der Natur. Die Alchemie folgt der Natur, die Naturwissenschaften unterwerfen sie. Nicht mehr »Beeinflussung der Natur durch Anpassung« sondern »Unterwerfung der Natur durch Arbeit«, wie es Theodor W. Adorno (1903–1969) und Max Horkheimer (1895–1973) in der *Dialektik der Aufklärung* formulieren, ist das Programm.[8] Dabei ist Natur nicht nur das, was wir heute in den Naturwissenschaften darunter verstehen. Der Begriff der Natur ist weiter gefasst, sie ist nicht der »beliebig ausbeutbare Steinbruch«, wie es Karl Marx (1818–1883) formulierte, den wir heute als Natur bezeichnen.

Bei Antoine-Joseph Pernety (1716–1800/01) lesen wir im Jahre 1758: »Worin besteht der Unterschied zwischen der vulgären Chemie und der hermetischen

Chemie (Alchemie)? Darin: Die erste ist tatsächlich die Kunst, die Verbindungen, die die Natur geschaffen hat, zu zerstören, die zweite die Kunst, mit der Natur zu arbeiten, um sie zu vervollkommnen.«[9]

Die Unabhängigkeit der Wissenschaft als Erkenntnismethode – wie wir sie heute kennen – von Kirche und Staat wurde mit der Reduzierung auf die Untersuchung wiederholbarer Experimente erkauft. Die Wissenschaft bezeichnete sich als wertfrei, für Moral war die Kirche zuständig, für politische Entscheidungen der Staat. Nimmt der Staat diese Aufgabe jedoch wahr, etwa durch ein Gesetz, das den experimentellen Umgang mit genmanipulierten Produkten regelt, so ruft die Wissenschaft und die mit ihr verbündete Industrie nach der Freiheit der Forschung.

Joseph Needham (1900–1995), der Erforscher der chinesischen Wissenschaft, darunter der chinesischen Alchemie, stellt fest: »Als die Ethik aus den Wissenschaften vertrieben wurde, wurde alles anders und bedrohlicher ... Die Wissenschaft braucht das Beziehungsgefüge von weltanschaulichen, historischen und ästhetischen Erfahrungen. Allein und isoliert kann sie großen Schaden anrichten ... [sie kann] nicht nur die Menschheit, sondern alles Leben auf der Erde auslöschen.«[10]

Noch für Isaac Newton (1642–1727) waren Naturwissenschaft und Moral verbunden. Aus dem Jahre 1676 stammt ein Brief von Newton an Henry Oldenburg (1615–1677), damals Sekretär der Royal Society, in dem er auf die Frage nach der Veröffentlichung alchemistischer Geheimnisse eingeht. Robert Boyle (1627–1691) hatte einen Bericht über ein »ungewöhnliches Experiment« veröffentlicht, das ihn zu der Annahme brachte, der Stein der Weisen sei prinzipiell darstellbar und zwar in einer Weise, wie die Alten dies beschrieben hätten. Nun aber wollte er wissen, ob es gut sei, solche und weitere Ergebnisse zu veröffentlichen oder ob es besser sei, sie zu verschweigen, damit sie nicht in »kranke Hände fielen«. Daher fragte er weise und erfahrene Männer nach ihrer Meinung. Newton war der Ansicht, Boyle sollte »hohe Verschwiegenheit« bewahren. Wie aus dem Brief ersichtlich wird, dachte Newton, es sei nicht sicher, alchemistische Kenntnisse zu veröffentlichen. Er empfahl Boyle, zu warten bis er sicher sei, entweder durch eigene Experimente oder durch den Rat »wahrer hermetischer Philosophen«, dass er mit einer Veröffentlichung nicht »ungeheure Vernichtung über die Welt« bringe.[11]

Ähnlich äußerte sich auch der Frankfurter Buchhändler Johann Spieß in der deutschen Ausgabe des *Opus aureum*. Der Zweck der »verdeckten Rede«, also der Geheimhaltung, schrieb er, ist der Schutz der Menschheit. Die »Kunst« soll nicht in die Hände der Geizhälse gelangen, deren unersättliche Gier sich in Üppigkeit erlustigen will und sie darf nicht in die Gewalt der »Bösen« kommen, die sie zu »eussersten Schaden und Verderben« der Mitmenschen missbrauchen würden. Für das Unheil, das daraus entstehen würde, wären ausdrücklich die »Philosophen«, also die Alchemisten, verantwortlich.[12]

Man vergleiche dies mit der heutigen Praxis der Veröffentlichung wissenschaftlicher Ergebnisse und der Vorstellung der Wissenschaftler, sie seien für die weitere Verwendung der von ihnen erhaltenen Erkenntnisse nicht mehr verantwortlich.

DIE GESCHICHTE DER ALCHEMIE

DER GEISTESGESCHICHTLICHE HINTERGRUND

In der ersten Geschichte der Alchemie, geschrieben von dem renommierten französischen Historiker Nicolas Lenglet du Fresnoy (1674–1755) im Jahre 1742, als *Geschichte der hermetischen Philosophie*[13], ist zu lesen, die Alchemie sei schon vor der Sintflut bekannt gewesen. Die Alchemie, wie wir sie kennen, wurde allerdings erst in Alexandria, in Ägypten, nach Christi Geburt entwickelt. Wie kommt der Autor dazu, zu behaupten, sie sei die älteste Wissenschaft überhaupt? Ein Grund dafür ist, dass die Verwendung des Elements Feuer, des Elements, das alles verändert, für ihn den Beginn der Alchemie markiert.

Es gab einen zweiten Grund. Zur Zeit der Aufklärung nahm man an, es gäbe eine ursprüngliche Religion, eine ursprüngliche Weisheit und auch eine ursprüngliche Wissenschaft, die verloren gegangen seien. Der Rest der ursprünglichen, großen wissenschaftlichen Kenntnisse sei die Alchemie. So sei die Tatsache, dass Methusalem 969 Jahre alt geworden sei, wie in der Bibel geschrieben steht, darauf zurückzuführen, dass er und die anderen Patriarchen, die ähnlich alt geworden sein sollen, das Lebenselixier gekannt haben, das Elixier, das ein langes Leben sichert.

Es ist also nicht vermessen, anzunehmen, die Alchemie als die Kunst der Beherrschung des Feuers, sei eine alte Wissenschaft. Eine Ableitung des Wortes Alchemie sagt auch, es komme vom arabischen *al Chama* »durch das Feuer erforscht«.[14] Das Feuer ermöglicht es dem

Menschen die Nacht zu erhellen, wilde Tiere abzuhalten, Nahrungsmittel zu verändern, sie nicht nur schmackhafter, sondern einige überhaupt erst genießbar zu machen. Mit Hilfe des Feuers kann Ton gebrannt werden, damit ist es möglich wasserfeste Gefäße herzustellen, die zum Beispiel zum Kochen einer Suppe verwendet werden können. Später gelingt es mit dem Feuer sogar, Metall aus Mineralien freizusetzen. Ein ungeheuer wichtiger technischer Fortschritt, der für die Menschheit entscheidend war. Aus Bronze und Eisen können Waffen, aber auch Werkzeuge hergestellt werden, die dauerhafter sind als die aus – mit Feuer – gehärtetem Holz oder Stein.

Metalle lassen sich zudem vielfältig und einfach bearbeiten. Von Anfang an waren die Kunst der Metallherstellung und die Schmiedekunst mit der Alchemie verbunden. Das Wissen des Schmiedes war geheimes Wissen, es war, wie wir aus den Sagen wissen, eine große Kunst, waffenfähigen Stahl aus dem rohen Eisen zu gewinnen. Die Schwerter, die besonders gut gelungen waren, trugen daher sogar Namen, wie das Schwert Balmung in der Siegfried-Sage.

Feuer hat aber auch schreckliche Seiten, außer Kontrolle geraten vernichtet es Städte und Wälder und bedroht unser Leben. Das Feuer ist damit auch ein Beispiel dafür, dass alles zwei Seiten hat, eine gute und eine schlechte; diese Polarität spielt in der hermetischen Philosophie eine wichtige Rolle.

Das empirische Wissen der Handwerker beeinflusste vermutlich die Vorstellungen der ersten griechischen Philosophen maßgeblich. Sie gelten daher als Ahnherren der Alchemie.

Bei Aristoteles (384–322 v. Chr.) ist der Satz zu finden: »Vernunftbegabte Wesen gibt es Dreierlei: Gott, Mensch und Wesen von der Artung des Pythagoras (580–500 v. Chr.).«[15] Die dritte Art meint die Meister, die Magier, die Adepten, die Weisen – und als solcher galt offensichtlich Pythagoras. Daher wird in der europäischen Kulturgeschichte die Bezeichnung Pythagoräismus als Synonym für Alchemie oder hermetische Philosophie verwendet. Nach Pythagoras ist das Wesen aller Dinge die Zahl. Die Welt muss mit Zahlen beschreibbar sein. Der Titel des Hauptwerkes von Isaac Newton, *Principia mathematica de Philosphia naturalis* (*Mathematische Prinzipien der Naturlehre*), ist so durchaus ein pythagoräischer Titel. Allerdings besitzen bei Pythagoras die Zahlen nicht nur einen quantitativen Wert, sondern auch eine Qualität. Der Philosoph Ernst Bloch (1885–1977) meint daher, die modernen Naturwissenschaften würden nur noch den halben Pythagoras sehen, den der Quantitäten. Auch heute noch nehmen wir an, die Welt lasse sich mathematisch beschreiben, nur ist die Mathematik komplizierter geworden, als dies gar Pythagoras oder auch Newton annehmen konnten.

Phythagoräismus spielte u. a. in Zusammenhang mit dem Prozess gegen Giordano Bruno (1548–1600) eine große Rolle. Die Inquisition wollte wissen, ob er Pythagoräer, Hermetiker und damit Häretiker und Ketzer sei. Für seine Ansichten über die Welt, seine Viel-Welten-Theorie, interessierte sie sich nicht. Wie man heute weiß, hat Bruno tatsächlich viele Anregungen aus der hermetischen Philosophie gewonnen; er wurde als Ketzer verbrannt.

In der *Turba philosophorum* (etwa »Convent der Weisen«), einer alchemistischen Schrift, die wohl auf das 12. Jahrhundert datiert werden kann und die eine erste Versammlung der Chemiker darstellt, tritt Pythagoras nicht nur auf, diese Versammlung wird sogar als dritte pythagoräische Synode bezeichnet. Es ist also nicht so weit hergeholt, Pythagoras, wie andere griechische Philosophen auch, als Ahnherren der Alchemie zu betrachten.

Demokrit (470?–380 v. Chr.), Aristoteles, Plato (427?–347 v. Chr.) und Heraklit (544–480 v. Chr.) gelten als

Vordenker der Alchemie. Verschiedene Schriften, die zum Beispiel Aristoteles oder auch Plato zugeschrieben wurden, sind allerdings sicher nicht von den berühmten griechischen Philosophen verfasst worden, sondern entweder von Autoren, die berühmte Namen benutzten, um ihre Schriften mit deren Ruhm zu versehen oder auch von Alchemisten, die ihren Namen trugen, sind dies doch noch heute übliche Namen in Griechenland.

Demokrit, der uns als Erfinder der Atome bekannt ist, hat sich mit chemisch-technischen Verfahren befasst. Auf sein – verschollenes – Buch *Peri chymon* (*Über Säfte*) könnte sogar das Wort Chemie zurückgehen. Es scheint, dass Demokrit sich wirklich mit chemischen Vorgängen beschäftigt und Erklärungen dafür gesucht hat. Doch die ihm zugeschriebenen alchemistischen Schriften stammen wohl kaum von dem berühmten Demokrit von Abdera. Meist werden sie Bolos von Mendes (250?–150 v. Chr.), der sich aus Verehrung für Demokrit auch Bolos-Demolcritus nannte, zugeschrieben.

In den Fragmenten des vorsokratischen Philosophen Heraklit, der den Beinamen »der Dunkle« trägt, ist zu lesen:

»Auch die Natur strebt wohl nach dem Entgegengesetzten und bringt hieraus und nicht aus dem Gleichen den Einklang hervor, wie sie zum Beispiel das männliche mit dem weiblichen Geschlechte paarte und nicht etwa beide mit dem gleichen, und die erste Eintracht durch Vereinigung des Gegensätzlichen, nicht des Gleichartigen herstellte. Auch die Kunst bringt dies, offenbar durch Nachahmung der Natur, zustande.« Und weiter: »Ganzes und Nichtganzes, Einträchtiges Zwieträchtiges, Einklang Zwieklang, und aus Allem Eins und aus Einem Alles.«

In einer der ersten illustrierten Handschriften mit alchemistischem Inhalt, der *Chrysopoeia* oder *Machung des Goldes* der Kleopatra, die in einer griechischen Sammelhandschrift mit alchemistischen Traktaten aus dem

11. Jahrhundert zu finden ist, steht erneut dieser Satz: »En to Pan« bzw. »Alles ist in Einem« oder »Eines ist Alles«.

Bei Johann Daniel Mylius (1585–1628?), im *Opus medico-chymicum* von 1618, findet sich unter den 160 Siegeln hermetischer Philosophen auch eines für Heraklit mit der Umschrift *Ignis principium omnium rerum* (Das Feuer ist der Ursprung aller Dinge); ein Motto, das ebenfalls dafür sprechen würde, Heraklit in die Reihe der griechischen Philosophen aufzunehmen, die als Stammväter der Alchemie gelten können.

Bei Plato sind die Elemente mit den fünf idealen platonischen Körpern verbunden. Erde mit dem Würfel, Feuer mit dem Tetraeder, Wasser mit dem Ikosaeder und Luft mit dem Oktaeder. Das fünfte, das Pentagondodekaeder, wird dabei zum fünften Element, der *Quinta Essentia*. Werden die Dreiecke, aus denen die Körper aufgebaut sind, getrennt und wieder neu zusammengesetzt, bedeutet dies eine Elementumwandlung. Nur das Element Erde, der Würfel fällt heraus, denn Dreiecke, die aus ihm abgeleitet werden, passen nicht in das Schema, denn alle anderen sind aus gleichseitigen Dreiecken gebildet.

Aristoteles übernimmt die Theorie der vier Elemente von Empedokles. Die Elemente sind bei ihm zusätzlich verbunden durch die Eigenschaften warm, kalt, trocken und feucht. So ist Feuer warm und trocken, Wasser dagegen feucht und kalt. Wird die Feuchte weggenommen, entsteht Erde, die trocken und kalt ist. Elementumwandlungen sind daher für Aristoteles kein Problem. Gleichzeitig sind die Elemente mit einer Bewegung verbunden, Erde absolut, Wasser relativ nach unten, Feuer absolut, Luft relativ nach oben. Nun gibt es eine weitere Bewegung, nämlich die kreisförmige, die aber auf der Erde nicht vorkommt, sie ist von Aristoteles für die Planeten reserviert. Dieser Bewegung entspricht ein »Fünftes Element«, das ebenfalls zum Konzept der *Quinta Essentia* geführt haben mag.

Bei Aristoteles gibt es weiterhin den ungeformten Urstoff, der in der Alchemie zur *materia prima* wird. Diesem Urstoff wird eine Form eingeprägt, die bewirkt, dass die Dinge ihre Eigentümlichkeiten erhalten. Prinzipiell sollte sich jeder Stoff in die Urmaterie zurückführen lassen, indem die Form weggenommen wird – wie auch immer das geschehen mag –, dann lässt sich der Urmaterie eine neue Form aufprägen. Beliebige Stoffumwandlungen sind somit möglich.

Lange bevor die Alchemie entstand, waren also die Grundlagen gelegt. Die Theorien der Alchemie standen nicht in Widerspruch zu den Theorien über die Natur der Stoffe. Sonst wäre es auch kaum verständlich, dass die Alchemie etwa 2000 Jahre als Methode der Naturerkenntnis anerkannt worden wäre und alle Gelehrten des Mittelalters sich mit ihr beschäftigten.

DIE ANFÄNGE DER ALCHEMIE IN ALEXANDRIA

Alexandria in Ägypten war zur Zeit Christi Geburt das bedeutendste wissenschaftliche Zentrum in der Alten Welt. Hier gab es die berühmte Bibliothek von Alexandria, die in ihrer Blütezeit etwa 900 000 Buchrollen besessen haben soll. Eine unglaubliche Zahl an Handschriften. Sie wurde durch fundamentalistische Christen um 390 n. Chr. zerstört, von ihnen wurde auch die berühmte Philosophin Hypatia (370–415) ermordet. Legenden, die den Arabern die Zerstörung zuschreiben, entsprechen nicht den Tatsachen, denn als diese Alexandria einnahmen, gab es nichts mehr zu zerstören. Aus dem chemisch-technischen Wissen der Handwerker, der griechischen Naturphilosophie und der ägyptischen Mysterientradition entstand als ein synkretistisches System die Alchemie als Teil der hermetischen Philosophie.

Die Erfindung der Alchemie wurde Hermes Trismegistos zugeschrieben. Diesen hat es wohl nie gegeben, obwohl nicht auszuschließen ist, dass es sich um den Namen eines Hohen Priesters gehandelt haben könnte. Hermes Trismegistos wurde mit dem ägyptischen Gott Thot, dem griechischen Gott Hermes und eventuell noch anderen Göttern gleichgesetzt. Er war ein Kulturbringer, der dem Menschen die Heilkunst, die Kunst des Erfindens, die Kunst des Auslegens und Erklärens (die Hermeneutik), die Schrift usw. brachte. Hermes Trismegistos, nach dem auch die hermetische Philosophie benannt ist, wurde als Zeitgenosse des Mose, als heidnischer Prophet, verehrt. In der Kathedrale von Siena ist ein Mosaik zu sehen, das ihn darstellt.

Die Tatsache, dass Plinius der Ältere (23–79) in seinen Schriften zwar viel über Metallurgie berichtet, aber nichts erwähnt, das mit Alchemie zu tun hat, spricht dafür, dass das System der Alchemie erst danach entstanden ist.

Die ersten Schriften stammen von Zosismos aus dem 3. Jahrhundert, der auch Maria die Alchemistin erwähnt (nach ihr wurde das Wasserbad *Bain-Marie* benannt), Synesios aus dem 4. Jahrhundert, Äneas von Gaza und Olympiodor aus dem 5. Jahrhundert sowie aus dem 7. Jahrhundert von Pelagius und Stephanos. Letzterer widmete seine *Neun Abhandlungen über die Chemie* dem oströmischen Kaiser Heraklion (610–641). Ihre Werke beeinflussten die byzantinischen und die syrischen Alchemisten, von ihnen lernten wiederum die Araber.

In der Alchemie waren die Frauen gleichberechtigt. Die Tatsache, dass so wenige Alchemistinnen bekannt sind, hat eher etwas mit der Stellung der Frau in der Gesellschaft zu tun. In der Alchemie spielt sogar die »mystische Schwester«, ohne die die Arbeit nicht zu vollenden ist, eine große Rolle. In dem gerühmten »stummen Buch« ist dies dargestellt. Aus späterer Zeit sind ebenfalls nur wenige Alchemistinnen bekannt geworden, so etwa Isabella Cortese (?–1561) aus Italien oder Juliane Wallich (18. Jh.) aus Deutschland.

Die Alchemie in Alexandria entstand wahrscheinlich nicht unabhängig von der indischen und chinesischen Alchemie. Über die uralten Handelswege fand immer auch ein Kulturaustausch statt. Es ist schon erstaunlich, dass die Alchemie in allen alten Kulturen mehr oder weniger ähnlich bestand. Mit der Eroberung Spaniens durch die Araber kam die Kenntnis der Alchemie dann endgültig nach Europa.

Toledo war bis zur Rückeroberung durch die Christen im Jahre 1105 ein Zentrum für Übersetzungen. Hier wurden die klassischen Schriften, zum Beispiel die der griechischen Philosophen und auch die der Alchemisten, ins Lateinische übertragen. So war die Alchemie seit dem 13. Jahrhundert in Europa etabliert. Die Gelehrten konnten zu dieser Zeit weitgehend unbehelligt reisen, die Wissenschaftssprache war Lateinisch und es kam kaum zu Verständigungsproblemen. Die Alchemie war die anerkannte Weise der Naturbetrachtung und die Texte galten als vollkommen seriös, auch wenn uns dies heute nicht mehr recht verständlich ist.

Eine unbestimmbare Zahl von Texten und damit vielfältiges theoretisches Wissen muss heute als verloren angesehen werden. Auch wissen wir nicht mehr, welche Theorien hinter bestimmten Technologien standen. Die große Moschee in Cordoba hat alle Erdbeben seit ihrem Bau ohne Beschädigungen überstanden, was darauf zurückgeführt wird, dass die Säulen oben und unten in Blei gelagert wurden. Das weiche Blei dämpft die bei Erdbeben auftretenden Schwingungen wirkungsvoll. Wir wüssten gerne, welche theoretischen Vorstellungen – und es gab mit Sicherheit welche, denn so etwas macht man nicht zufällig – zu dieser Vorgehensweise führten.

Aus Alexandria kam die Alchemie auf verschiedenen Wegen nach Europa. Zum einen war der kleine Rest der Bibliothek von Alexandria nach Byzanz gelangt. Kaiser Otto II. (955–983) hatte 972 die byzantinische Kaisertochter Theophanu (955?–991) geheiratet. Damit kam alchemistisches wie auch chemisch-technologisches Wissen nach Zentraleuropa. Wahrscheinlich kamen über den Balkan wesentlich mehr Kenntnisse nach Europa, insbesondere nach Italien, als wir heute belegen können. Die anhaltenden Zerstörungen haben die Quellen vernichtet. So wurde Byzanz – heute Istanbul – 1204 von Kreuzfahrern erobert und niedergebrannt. Auch wenn sich unter den Kreuzrittern gebildete Leute befanden, die an dem Wissen der Byzantiner interessiert waren, gingen doch viele Quellen und Materialien, die wir heute gern untersuchen würden, unter.

Von einem Theophilus (1070?–1125), über den nichts weiter bekannt ist, stammt das Manuskript *Schedula diversarum artium*, eine der wertvollsten chemisch-technischen Schriften des Mittelalters. In dieser Schrift wird auch »spanisches Gold«, Messing, das in Spanien übrigens »germanisches Gold« hieß, und »arabisches Gold«, eine Gold-Silber-Kupfer-Legierung erwähnt. Bronze war »abessinisches Gold«.

Kaiser Friedrich II. (1194–1250), ein äußerst gebildeter Herrscher, hatte an seinem Hof einen Alchemisten und Hofastrologen, den Schotten Michael Scotus (1180?–1235), der Texte aus dem Arabischen übersetzte. Über Sizilien, wo sich Friedrich II. oft aufhielt, dürften ebenfalls alchemistische Texte arabischer Autoren nach Europa gelangt sein.

Der wichtigste Weg, auf dem die Alchemie im Abendland bekannt wurde, war aber derjenige über Spanien. Dort blühten Wissenschaft und Kultur. Ein

Besuch in der Alhambra in Grenada muss für einen europäischen Fürsten, der aus einer der stinkenden und lärmenden mittelalterlichen Städte kam, wie ein Besuch im Paradies gewirkt haben, was sich selbst heute noch nachvollziehen lässt.

Die Araber begannen im 8. Jahrhundert, sich für die Alchemie zu interessieren. In ihrem Reich lagen damals Ägypten, Syrien und auch Persien. In allen diesen Ländern blühte die hermetische Kunst. Besonders in Persien, in der Akademie von Dschondisabur, waren die verschiedenen wissenschaftlichen Strömungen anzutreffen. Die Verehrung des Feuers in Persien weckte sicherlich auch das Interesse an der Alchemie. Möglicherweise kamen Impulse, die in die Alchemie eingegangen sind, gerade aus dieser Gegend.

Einige der arabischen Alchemisten wurden äußerst berühmt. Geber (721?–815), eigentlich Djabir Ibn Hajjan, galt als eine absolute Autorität. Besonders ragte unter den arabischen Gelehrten der Arzt und Alchemist Avicenna (980–1037), eigentlich Abdallah ibn Sina, hervor. Seine Werke, in denen er auf den römischen Arzt Galen (130?–200?) zurückgreift, galten lange als Standardwerke der Medizin und waren bis in die Renaissance Grundlage des Medizinstudiums.

Alle Gelehrten des Mittelalters beschäftigten sich mit der Alchemie: Albertus Magnus (1192?–1280), *doctor universalis*, Roger Bacon (1214–1284), *doctor mirabilis*, Nicolaus von Kues (1401–1464) usw.

Aus dieser Zeit werden auch die ersten Goldmachergeschichten berichtet. Beginnen wir mit Raimundus Lullus (1235?–1316). Inzwischen ist man der Meinung, dass er mit Alchemie wenig zu tun hatte. Die alchemistischen Werke, die ihm zugeschrieben wurden – und es gibt ein ganze Reihe – sind erst nach seinem Tod verfasst worden. Jedenfalls soll er Gold hergestellt haben, um damit die Muslime zum Christentum zu bekehren. Die Rosennobel, eine Münze aus England, soll mit

Gold, das von Lullus stammte, geschlagen worden sein. Lullus ist mit seiner Erfindung einer »Denkmaschine« bekannt geworden, bestehend aus konzentrischen Kreisen, auf denen Begriffe geschrieben waren. Durch Drehen der Kreise konnten diese kombiniert werden, ein Versuch, auf mechanische Art Argumente zu entwickeln. Diese Erfindung hatte offensichtlich großen Eindruck gemacht.

Dann ist Nicolas Flamel (1330–1413) zu erwähnen, heute vielen Lesern bekannt durch seine Rolle in dem Roman *Harry Potter und der Stein der Weisen*. Er lebte in Paris und dort ist noch immer sein Haus, eines der ältesten der Stadt, zu sehen.[16] Flamel war Kopist, ein vor der Erfindung der Buchdruckerkunst sehr wichtiger und angesehener Beruf, wurde sehr reich und stiftete viel Geld für Bedürftige. Er selbst schreibt, er habe den Stein der Weisen hergestellt und sein Reichtum rühre daher, dass er damit Gold gemacht habe. Bis heute ist nicht wirklich geklärt, woher sein Reichtum kam.

Immerhin war die Transmutation unedler Metalle zu Gold so akzeptiert, dass man im 16. Jahrhundert sagte, es gebe zwei Möglichkeiten, Geld zu investieren, um Gold zu bekommen: in Alchemie oder Seeräuberei. Die zweite Methode erwies sich als profitabler.

Ein weiterer berühmter Alchemist war Basilius Valentinus, über dessen Leben – abgesehen von Legenden – nichts bekannt ist. Möglicherweise hat der Herausgeber seiner Schriften, Johannes Thölde (1580?–1624), den Namen erfunden. Sollte er sich dabei tatsächlich auf alte Schriften von Valentinus gestützt haben, so sind diese nicht nachweisbar. Jedenfalls soll er das Geheimnis des Goldmachens mit dem Feuerstein (*Lapis ignis*) beherrscht haben. Die Vorschrift dazu ist in seinem berühmtesten Werk *Triumphwagen des Antimon* beschrieben.

DIE BLÜTEZEIT DER ALCHEMIE

Im 17. und 18. Jahrhundert blühte die Alchemie. Die Fürsten versuchten mit Hilfe der Alchemisten ihre Staatsfinanzen zu sanieren. Der Buchdruck schuf die Möglichkeit, sich mit den Schriften der Alten auseinander zu setzen und die Aufklärung nahm die Idee der Alten Weisheit wieder ernst.

Zu Beginn des 17. Jahrhunderts war Prag ein kulturelles Zentrum. Hier trafen sich unter dem Protektorat von Kaiser Rudolf II. (1552–1612), des Alchemisten auf dem Kaiserthron, Künstler, Gelehrte und Alchemisten aus ganz Europa. Der Kaiser besaß auch eine der umfangreichsten Kuriositätensammlungen, die leider nicht erhalten ist. Viele der damals bekannten, aktiven Alchemisten hielten sich zeitweise in Prag auf. So auch John Dee (1527–1608), der allerdings gleichzeitig Spion für die englische Königin Elisabeth I. (1558–1603) war und seine Berichte mit 007 unterzeichnete.

Eine für die Alchemie typische, immer wieder beschriebene Geschichte folgt einem bestimmten Muster: Ein Alchemist gibt einem Zweifler eine kleine Menge vom Stein der Weisen. In Abwesenheit des Adepten nimmt der Empfänger eine Transmutation vor und muss erstaunt feststellen, dass er Gold erhalten hat. So bei Alexander Setonius Scotus, genannt Seton (?–1604). Er war, wie manche, so unvorsichtig, eine Transmutation öffentlich vorzuführen, wurde von Kurfürst Christian II. von Sachsen verhaftet und gefoltert, von Michael Sendivogius (1566–1636), dem berühmtesten Alchemisten Polens befreit, starb aber kurz darauf in Krakau. Sendivogius heiratete die Witwe. Dies ist aber möglicherweise nur eine weitere Legende. Jedenfalls konnte Sendivogius einige Transmutationen durchführen, so zum Beispiel in Prag vor Rudolf II. Er war aber nicht in der Lage, den Stein der Weisen selbst herzustellen. Sendivogius war ein geschätzter Autor, der auch sehr interessante Vorstellungen entwickelte. Sein »Luftsalpeter«, als Grundlage organischen Wachstums, gilt manchen als eine Vorwegnahme des Sauerstoffs.

Ein weiterer Adept, der den Stein der Weisen an Skeptiker weitergegeben haben soll, ist Irenäus Philaletha (17. Jh.). Johann Baptist van Helmont (1577–1664), ein bekannter Arzt, verwandelte mit dem von Philaletha erhaltenen Pulver der Projektion Quecksilber in Gold und berichtete darüber. Auch der Arzt Johann Friedrich Helvetius (1625?–1709) führte eine Transmutation von Blei zu Gold durch, das Mittel dafür dürfte er ebenfalls von Philaletha bekommen haben. Der Philosoph Baruch Spinoza (1632–1677) bestätigte die erfolgreiche Umwandlung.

Johann Friedrich Böttger (1682–1719) führte 1701 eine Transmutation mit einer »roten Tinktur« durch, diese soll er von einem reisenden Alchemisten namens Laskaris (1649?–1691) erhalten haben. Zumindest waren die Zeugen der Transmutation beeindruckt von den Künsten dieses jungen Apothekergehilfen. Friedrich I. von Preußen (1657–1713) wollte sich der Dienste dieses Goldmachers versichern, doch Böttger floh nach Sachsen, wo er sprichwörtlich vom Regen in die Traufe kam, denn auch Kurfürst August der Starke (1670–1733) war an Gold zur Sanierung der maroden Staatskasse interessiert und setzte ihn fest. Für die Herstellung des Steins der Weisen werden temperaturfeste Materialien gebraucht und auf der Suche nach Verbesserungen erfand Böttger das Porzellan. Für Sachsen war dies eine ökonomisch dauerhaftere Lösung als es einige Kilogramm Gold gewesen wären.

Die Fürsten des 17. und des 18. Jahrhunderts stellten Alchemisten ein. Natürlich erhofften sie sich davon Reichtum in Form von Gold. Nachträglich kann man aber feststellen, dass diese Investitionen nicht gänzlich sinnlos waren. Für die Arbeiten der Alchemisten wurden Hilfskräfte gebraucht, Laboranten, die eine solide

Ausbildung bekommen mussten und so die verschiedensten Techniken erlernten. Die Gegenden, in denen die Alchemie blühte – Sachsen, Württemberg, Böhmen usw. –, wurden die Gebiete, in denen sich später die Industrie besonders gut entwickelte.

Seit den dreißiger Jahren des 20. Jahrhunderts wissen wir, dass auch Newton ein praktizierender Alchemist war. Sein Nachlass wurde damals von dem Ökonomen John Maynard Keynes (1883–1946) ersteigert, der ihn der Forschung zugänglich machte. Newton hatte diese Beschäftigung verschwiegen. Wie erfolgreich er gewesen war, ist nicht bekannt. Jedenfalls hat er mit Antimon und leicht schmelzbaren Legierungen daraus experimentiert. Eine dieser Legierungen ist unter dem Namen *Newton's Metal* bekannt. Es wird auch gesagt, er habe keinen Erfolg bei der Herstellung des Steins der Weisen gehabt, da das weibliche Prinzip, die *sorror mystica*, gefehlt habe. Newton war nicht verheiratet und hatte wohl kaum Kontakt zu Frauen gehabt.

THEORIEN DER ALCHEMIE

EIN GRUNDLEGENDER TEXT: DIE SMARAGDTAFEL DES HERMES TRISMEGISTOS

Hermes Trismegistos wird, wie oben schon erwähnt, als Gründer der Alchemie angesehen. Ihm wird auch die Smaragdtafel, ein grundlegender Text der Alchemie und der hermetischen Philosophie, zugeschrieben. Es ist nicht bekannt, wann dieser Text verfasst wurde, erste Hinweise auf ihn gibt es im 8. Jahrhundert bei den arabischen Alchemisten. Die Entstehung der Smaragdtafel, ihre Auffindung und Verbreitung wird in einer Reihe von Legenden beschrieben. Sarah, Abrahams Frau, soll sie in einer Höhle in der Nähe von Hebron gefunden haben, Alexander der Große im Grab des Hermes. Gleich im ersten Satz der Smaragdtafel findet sich die Vorstellung, der Mensch als Mikrokosmos (das Untere) sei ein Abbild des Makrokosmos (das Obere), der geordneten Welt außerhalb von uns:

1. In Wahrheit, gewiß und ohne Zweifel: Das Untere ist gleich dem Oberen und das Obere gleich dem Unteren, zu wirken die Wunder eines Dinges.
2. So wie alle Dinge aus einem und durch die Betrachtung eines einzigen hervorgegangen sind, so werden auch alle Dinge aus diesem Einen durch Abwandlung geboren.
3. Sein Vater ist die Sonne, und seine Mutter ist der Mond. Der Wind trug es in seinem Bauche, und seine Amme ist die Erde.
4. Es ist der Vater aller Wunderwerke der ganzen Welt.

5. Seine Kraft ist vollkommen, wenn es in Erde verwandelt wird.
6. Scheide die Erde vom Feuer und das Feine vom Groben, sanft und mit großer Vorsicht.
7. Es steigt von der Erde zum Himmel empor und kehrt von dort zur Erde zurück, auf dass es die Kraft der Oberen und der Unteren empfange. So wirst du das Licht der ganzen Welt besitzen, und alle Finsternis wird von dir weichen.
8. Das ist die Kraft aller Kräfte, denn sie siegt über alles Feine und durchdringt das Feste.
9. Also wurde die kleine Welt nach dem Vorbild der großen Welt erschaffen.
10. Daher und auf diese Weise werden wunderbare Anwendungen bewirkt.
11. Und darum werde ich Hermes Trismegistos genannt, denn ich besitze die drei Teile der Weisheit der ganzen Welt.
12. Vollendet ist, was ich vom Werk der Sonne gesagt habe.

Man hat gesagt, wer diesen Text, der anderen Orakeltexten ähnelt, wirklich verstehe, habe alle Weisheit der Welt verstanden. Es ist aber auch möglich, ihn als eine Vorschrift für die Herstellung von Schwelsäure aus Pyrit – Katzengold, ein Eisensulfid – zu lesen.[17] Dies wäre ein Hinweis darauf, dass die Texte unter verschiedenen Gesichtspunkten gelesen werden können und sich chemische Vorschriften nicht so einfach erschließen lassen.

Johann Rudolf Glauber (1604–1670) schrieb über den Salpeter, sein Vater sei die Sonne, der Mond seine Mutter, der Wind trage des Vaters Same geistlicherweise hinunter in die Viehställe, in eine feuchte Erde und schwängere diese; der Salpeter sei ein Kind, das von seiner Mutter im Stall geboren würde. Die Analogie zur Weihnachtsgeschichte für diesen chemischen Vorgang ist durchaus Absicht. Er nennt den Salpeter auch den

»gelben Leu aus Mitternacht« oder »Drachen«[18], wohl wegen des in ihm verborgenen Feuers, ist er doch ein Hauptbestandteil des Schwarzpulvers. Übrigens wurde Salpeter tatsächlich in Viehställen gesammelt, dafür gab es den Beruf des Salpeterkratzers, der die Pulverfabriken belieferte.

In der Literatur gibt es immer wieder Überlegungen, was unter Smaragdtafel verstanden worden sein könnte, denn so große Smaragde, das man daraus eine beschreibbare Tafel machen könnte, gibt es nicht. Im Kloster Reichenau aber ist ein riesiger Smaragd zu sehen, der dem Kloster von Kaiser Karl dem Großen (747–814) geschenkt wurde. Nun wird erzählt, dass, als die Gefahr bestand, die Hunnen könnten das Kloster überfallen und berauben, der Abt befahl, alle wertvollen Gegenstände zu verstecken. Ein Mönch kam mit dem erwähnten Smaragd und sagte, dieser sei doch wertvoll, er stamme ja von Kaiser Karl dem Großen. Doch der Abt war der Ansicht, dass man ihn nicht zu verstecken brauche, da er einen solchen Smaragd in Venedig jederzeit wieder besorgen könne. Dieser Smaragd war ein grüner Glasfluss, grünes Glas wurde also als Smaragd bezeichnet. Darauf lässt sich ein Text ohne große Schwierigkeiten eingravieren. Dazu passt, dass in den ältesten alchemistischen Schriften aus Ägypten, den Papyri *Leiden* und *Holmeniensis*, die Herstellung von Edelsteinen und Perlen beschrieben ist, wobei übrigens nicht vorgegeben wird, diese Imitate seien echte Preziosen.

Der Mensch, die kleine Welt, der Mikrokosmos entspricht der großen, dem Makrokosmos. Das bedeutet auch, dass ein Mittel der Welterkenntnis die Versenkung in die eigene Person ist. In dem apokryphen Thomas-Evangelium ist dementsprechend zu lesen: »Wer sich selbst erkannt hat, hat auch schon die Erkenntnis über die Tiefe des Alls erlangt.«[19]

In der hermetischen Philosophie finden wir auch das Prinzip der polaren Gegensätze wie Liebe und Hass, inzwischen sind diese Polaritäten als Yin und Yang aus der chinesischen Alchemie allseits bekannt. Neben diesen polaren Gegensätzen steht das Prinzip des Geschlechts, das nur zwei Ausprägungen kennt, männlich und weiblich, während es bei den Polaritäten Abstufungen gibt und sie ineinander umschlagen können.

BESCHREIBUNGEN DER ALCHEMIE

Im Jahre 1832 erschien eine Geschichte der Alchemie von Karl Christoph Schmieder (1778–1850), die der Alchemist Alexander von Bernus (1880–1965) sehr schätzte, Chemiehistoriker halten diese Geschichte der Alchemie allerdings nicht für besonders wertvoll. Schmieder geht davon aus, dass sich die Alchemie aus drei Elementen zusammensetzt: [20]

»I. Es ist möglich, aus Körpern, die kein Gold enthalten, durch Kunst wahres, vollkommenes, und beständiges Gold darzustellen ...«

Diese Transmutation unedler Metalle zu Gold wird bewirkt durch den »Stein der Weisen«, der aber nach Aussage derjenigen, die angeben, ihn besessen zu haben, kein Stein ist, sondern ein rotes Pulver, das »Pulver der Projektion«. Dieses Pulver wiedersteht dem Feuer wie ein Stein und wird daher auch als Stein bezeichnet. Dies ist ein typisches Beispiel für die Sprachstrukturen, die in der Alchemie und der hermetischen Philosophie immer wieder vorkommen. Diese Sprachstrukturen sind ein Grund dafür, dass sich in jüngster Zeit wieder verstärkt Philosophen und auch Künstler mit der Hermetik beschäftigen. Die komplizierte und langwierige Herstellung des Steins der Weisen wird als »Großes Werk« bezeichnet.

Es sei aber nochmals darauf hingewiesen, dass die Transmutation der Metalle mit den theoretischen Vorstellungen vor der Erfindung der modernen Elemente nicht unmöglich war. Es handelte sich um eine Stoffumwandlung, nicht um eine Elementumwandlung. Da das Gold eine solche Bedeutung – nicht nur in der Alchemie – hat, findet sich weiter unten ein eigenes Kapitel zu diesem Thema.

»II. Es ist möglich, aus Körpern, die kein Silber enthalten, durch Kunst vollkommenes und feuerbeständiges Silber darzustellen ...«

Der »Stein«, der dies bewirken kann, er ist weiß, ist ein Vorprodukt des Steins der Weisen, er kann durch weitere Arbeit in diesen überführt werden. Die Herstellung dieses Steines wurde als »Kleines Werk« bezeichnet. Über Transmutationen zu Silber gibt es verhältnismäßig wenig Berichte. Es ist eben nicht so faszinierend wie Gold und verspricht vor allem nicht denselben Gewinn. Verschiedene Metalle, die für Silber gehalten wurden, verärgerten zudem die Bergleute, denn sie verschwanden beim weiteren Verarbeiten. So etwa Nickel, das den Namen eines Berggeistes trägt, oder Kobalt, das nach dem Kobold benannt ist. Die Arbeit war dank der Geister vergebens gewesen. Während Gold nahezu unveränderbar ist, ist dies beim Silber also nicht der Fall, es ist in diesem Sinn wesentlich unedler.

»III. Dasselbe Präparat der Kunst, welches in Gold tingiert, ist vor seiner völligen Ausfertigung eine der wolthätigsten Arzneien, eine Panacee des Lebens ...«

Wird eine geringe Menge des Steins der Weisen in Wein aufgelöst und getrunken, so wirkt diese Auflösung, die dem *aurum potabile* oder Trinkgold entsprechen soll, oder nach anderer Lesart dies ist, als universelles Heilmittel und als ein Mittel, um das Leben zu verlängern. Es ist das wahre Elixier des Lebens.

In der chinesischen und der indischen Alchemie stand das Lebenselixier, die Frage nach der Verlängerung des Lebens, im Vordergrund der alchemistischen Arbeiten, in der abendländischen Alchemie dagegen war das angestrebte Ziel die Goldherstellung, der Erwerb materiellen Reichtums. So gibt es in China die »Acht Unsterblichen«, die durch die Einnahme des Lebenselixiers einen unvergänglichen Diamantkörper erhalten haben, darunter befindet sich auch eine Frau. Einer der Unsterblichen ist mit seinem unsterblichen Hund dargestellt, er soll das Mittel zuerst bei seinem Hund erprobt haben, der Tierversuch war wohl auf den Menschen übertragbar.

Hier könnte im Keim schon die materialistische – oder sollte man sagen profitorientierte – Auffassung des Abendlandes anklingen. Schon König Midas, dieser »traurigste aller Alchemisten«, wie Charles Baudelaire (1821–1867) ihn bezeichnete, strebte nur nach dem Gold.

Der Prozess zur Herstellung des Steins der Weisen ist ein langwieriger und komplizierter Vorgang. Meist wird ein Prozess in sieben Stufen, die mit den sieben Planeten verbunden werden, erwähnt, Geber nennt acht Stufen, zwölf Stufen, verbunden mit den Tierkreiszeichen, finden sich bei Basilius Valentinus und bei George Ripley (1415?–1490). Weitgehend Einigkeit herrscht dagegen über die Farben, die im Verlauf des Großen Werks auftreten. Die Hauptfarben sind im Mittelalter Schwarz, Weiß und Rot. Die letzte Farbe, die Röte, zeigt die Reife des Steins in Analogie zum Reifezustand vieler Früchte an. Schon Maria die Alchemistin fügte Gelb zwischen Weiß und Rot ein, so dass diese vier Farben beim Großen Werk auftreten. Im Pfauenschwanz, einer wichtigen und notwendigen Zwischenstufe, tauchen zudem auch Blau- und Grüntöne auf.

Schon bei Hugo von St. Victor (1100?–1141) finden wir, dass der Mensch der »Besitzer der Erde«, nicht deren Beherrscher ist. Seine Aufgabe ist die Wiederherstellung der Ordnung, die durch den Sündenfall gestört worden war, denn die ganze Schöpfung machte den Sündenfall mit. Christus heilte den Mikrokosmos, den Menschen, durch seinen Tod ist der Mensch erlöst worden. Doch die Erlösung des Makrokosmos, der Welt, ist noch zu leisten. Dies ist die Aufgabe des Alchemisten, der Stein der Weisen, der die unedlen Metalle in edle transmutiert, heilt den Makrokosmos. Auf diese Parallele zwischen dem Stein der Weisen und Christus hat insbesondere Carl Gustav Jung (1875–1961) immer wieder hingewiesen.[21]

Bei Paracelsus (1493–1541) wird es daher – durchaus in der Tradition Hugos von St. Victor – heißen: »Das ist Alchemie: zu Ende bringen, was noch nicht vollendet ist.« Vollendung meint dabei die Zurückführung zu Gott oder zu der einen, ursprünglichen Welt, der Utopie, wie sie in der Mythologie vom Paradies beschrieben ist. Eine Utopie, die in unserer säkularisierten Welt sicherlich nicht mehr in derselben Weise propagiert werden kann, wie dies noch für Paracelsus möglich war.

Die Welt ist nicht von sich aus gut, sie ist voller Mängel, die durch den Sündenfall in die Welt gekommen sind, Beispiele sind bei Paracelsus Krankheiten, aber auch die Ausbeutung der Schwachen durch den physisch Stärkeren. Die Natur versorgt den Menschen nicht von allein mit dem Notwendigen. Er muss das Feuer machen, das Erz bearbeiten, das Brot backen usw. Der Mensch aber ist geboren, um diese Welt zu vervollkommnen; dies ist der moralische Auftrag des Menschen und besonders des Alchemisten, desjenigen, der die Vervollkommnung der Pflanzen und Erze zu Heilmitteln beherrscht. Und daher ist für Paracelsus der Bäcker ein Alchemist, denn er vervollkommnet den Weizen, den die Natur liefert, zum Brot. Vom Alchemisten wird nach dieser Auffassung verlangt, er müsse sich für das Gute und gegen das Böse entscheiden, denn wer sich nicht entscheidet, hat sich bereits für das Böse entschieden.

Eine weitere wichtige Vorstellung der Alchemisten betraf die Entstehung der Metalle. Im Mutterschoß der Erde wachsen sie heran. Es gab die Vorstellung, alle

Metalle würden aus dem Merkur und dem Sulfur, der in der Erde vorhanden ist, entstehen. Die Unterschiede in den Eigenschaften der Metalle seien auf eine verschiedene Mischung dieser beiden Prinzipien zurückzuführen. Später kommt noch das Prinzip Sal dazu, das für die Erklärung der Körperlichkeit der Metalle nötig erscheint.

Wenn die Metalle gefördert werden sollen, müssen Rituale abgehalten werden, denn dies ist ein Eingriff in das Innerste der Mutter Erde, der sonst nicht ungestraft bleiben wird. Der Erzbergbau ist daher von Beginn an mit religiösen Riten verbunden. Auch die bauchigen Gefäße, die für die Verarbeitung der Erze benutzt werden, gleichen denen einer Gebärmutter – zumindest den frühen Darstellungen der Gebärmutter zum Beispiel aus dem Mittelalter.

Die Metalle wachsen aber nicht nur in der Erde, sie entwickeln sich auch. Alle Metalle wollen, so die Vorstellung, im Laufe der Zeit zu Gold werden. Dabei gibt es eine Abfolge der Entwicklung vom Blei, dem gemeinsten Metall, über Zinn, »weißes Blei,« Eisen, Kupfer, Quecksilber – bewegliches Silber – und Silber zum Gold. Nicht immer sind diese Abfolgen einheitlich, wohl auch, weil Legierungen als eigenständige Metalle betrachtet wurden. Elektrum oder Asem, eine Gold-Silber-Legierung, war für die frühen Alchemisten von großer Bedeutung. Es schien, als habe man mit dieser Legierung Gold vermehrt, zumindest so lange die Legierung goldfarben war und damit nicht zu viel Silber enthielt.

Bergwerke wurden für einige Zeit in Ruhe gelassen, damit die Erze »nachwachsen« können. Dies könnte man für Aberglauben halten, doch im Besucherbergwerk Kiliansstollen in Marsberg ist zu erfahren, dass dort genau das passiert. Die Kristalle wachsen an den Wänden durch Auswaschungen aus den über der Mine liegenden Deckschichten nach. »Nächstes Jahr«, erklärt der Führer, »können Sie sehen, dass die Kristalle größer geworden sind«. Die Vorstellung, die Erze wüchsen nach, beruht folglich auf empirischer Beobachtung, die allerdings unzulässig verallgemeinert wird. Im Kiliansstollen ist auch ein Verfahren zu sehen, mit dem aus kupferhaltigen Wässern, wie sie in der Mine vorkommen, Kupfer gewonnen wird. Die Wässer laufen über eine Eisenplatte, auf dieser wachsen schöne Kupferkristalle, während sich das Eisen langsam auflöst. Für die Alten war dies ein Beleg für die Umwandlung der Metalle, in diesem Fall des Eisens in Kupfer. Auch Georg Agricola (1494–1555), Autor eines hervorragenden Werkes über den Bergbau und der Alchemie gegenüber äußerst skeptisch eingestellt, fand diesen Versuch so überzeugend, dass er ihn als Beleg für die Möglichkeit der Metallumwandlung akzeptierte. Heute ist dies ein gängiger Schulversuch, in dem die Reaktion als Reduktions- und Oxidationsprozess erklärt wird: Die Kupferionen aus den Kupfersalzen werden zu Kupfer reduziert, Eisen wird zu Eisenionen oxidiert, die als Eisensalze in Lösung gehen. Das Phänomen ist das gleiche, doch die Erklärung ist eine andere. Anzumerken wäre noch, dass in den dunklen, höchstens durch einige Fackeln erleuchteten Minen die Färbung der Wässer kaum festzustellen ist. Das kupferhaltige Wasser ist blaugün, das eisenhaltige eher gelbgrün.

Der Alchemist Johann Rudolf Glauber hat ein Verfahren entwickelt, das es erlaubt, auch Erze mit geringem Kupfergehalt zu verarbeiten. Daraus ist zu ersehen, dass die Alchemisten durchaus an chemisch-technischen Verbesserungen interessiert waren. Glauber, der auch als Begründer der industriellen chemischen Technik gilt, hat als Erster Salzsäure hergestellt, für die er medizinische Verwendungen beschreibt, und er beobachtete, dass Salze für das Pflanzenwachstum nötig sind und leistete damit eine erste Beschreibung der Mineraldüngung.

FASZINATION GOLD

»Nach Golde drängt,
Am Golde hängt
Doch alles, Ach wir Armen!«[22]

Johann Wolfgang von Goethe: Faust

CHEMISCHE EIGENSCHAFTEN, VORKOMMEN UND GEWINNUNG VON GOLD

Das chemische Zeichen für Gold *Au* wird vom lateinischen *Aurum* abgeleitet. Das deutsche Wort Gold geht auf das indogermanischen *Ghel*, das »gelblich, schimmernd, blank« bedeutet, zurück. Reines Gold ist ein gelbrotes (»goldgelbes«) weiches Metall vom spezifischen Gewicht 19,3 g/ml, das bei 1064 Grad Celsius zu einer grün leuchtenden Flüssigkeit schmilzt und bei 3080 Grad Celsius siedet. Gold und Kupfer sind die einzigen farbigen Metalle. Die auffallendste Eigenschaft des Goldes ist seine Dehn- und Walzbarkeit. So kann man es zum Beispiel zu blaugrünen durchscheinenden Blättern von nur 0,0001 mm Dicke ausschlagen. Aus einem Gramm Gold kann man auf diese Weise eine Folie von 0,4 m^2 erhalten. Man kann Gold mit einer Reinheit von 99,9999 Prozent herstellen, mit Platin, Silber und Kupfer bildet es leicht Legierungen. Aus Gold lassen sich auch recht einfach Gegenstände gießen.

Als typischer Vertreter der edlen Metalle wird Gold von Luft, Wasser und Säuren nicht angegriffen. Es löst sich in Chlorwasser und Königswasser – einer Mischung aus einem Teil Salpetersäure und drei Teilen Salzsäure – unter Bildung von Goldchlorid; diese Reaktion ist wohl erst im späten Mittelalter gefunden worden. Quecksilber löst Gold unter Bildung von Goldamalgam und Lösungen von Kalium- oder Natriumcyanid lösen es unter Bildung des Goldcyanidkomplexes $Na[Au(CN)_2]$ auf.

Schon im Altertum konnten Goldcyanidlösungen hergestellt werden. Zum einen fallen bei der Blattgoldherstellung cyanidhaltige Lösungen an, das Blattgold wird – auch heute noch – in Ochsenhäuten geschlagen und dabei entstehen aus den Aminosäuren der Eiweißbestandteile der Häute u. a. Cyanide, die in Wasser gelöst werden können. Zum anderen enthalten Pfirsich- und Bittermandelkerne Amygdalin, aus dem durch Hydrolyse Cyanwasserstoff freigesetzt werden kann, ein Gift, das für Menschen tödlich ist; der Pfirsichbaum war daher dem Gott den Schweigens gewidmet. Es ist doch bemerkenswert, dass dieses tödliche Gift selbst den König der Metalle, das Gold töten kann.

Legierungen von Gold mit Kupfer und Silber mit hohem Goldgehalt werden von Salpetersäure und Schwefelwasserstoff ebenfalls nicht angegriffen.

Da Gold zumeist gediegen vorkommt, lebhaft glänzt und leicht verformt werden kann, ist es wohl schon in vorgeschichtlicher Zeit gesammelt worden. Es dürfte das erste Metall sein, mit dem der Mensch Bekanntschaft machte. Die Verwendung von Gold, wohl überwiegend zu kultischen Zwecken, ist mindestens 6000 Jahre alt. Zu den ältesten Kultgegenständen gehören die inzwischen sehr berühmten Goldhüte, die wohl das Vorbild späterer Zauberhüte sind. Für Werkzeuge oder Waffen ist Gold hingegen nicht geeignet, dazu ist es zu weich.

Bisher wurden etwa 80 000 Tonnen Gold gefördert, davon allein ungefähr 60 000 Tonnen im 20. Jahrhundert.[23] Ein nicht zu unterschätzender Teil des Goldes ist in Zahnersatz und Zahnfüllungen versteckt. Zähne aus Gold als Ersatz für die ausgefallenen eigenen waren übrigens schon den Etruskern bekannt.

Gold hat über Jahrtausende eine ungeheure Faszination auf die Menschen ausgeübt und tut dies heute noch. Dies kann nicht nur an dem relativ hohen Preis liegen. Das Wertverhältnis zwischen dem Sonnenmetall Gold und dem Mondmetall Silber entsprach über Jahrhunderte hinweg dem Verhältnis der Sonnenzahl 360 und der Mondzahl 28, Gold war etwa 13 mal teurer als Silber.[24] Der heutige Preis des Goldes ist ungefähr 75 mal so hoch wie der des Silbers.

Gold findet sich in »Primärlagerstätten« zum Beispiel in den Alpen, in kristallinen Gesteinen wie Granit, dort in Quarzadern als kleine Kristalle, häufig in Verbindung mit sulfidischen Erzen anderer Metalle. Im Bergbaumuseum in Klagenfurt in Österreich sind solche Goldkristalle auf Quarz zu sehen, das früher dort abgebaut wurde. Ebenfalls gezeigt werden Pyritkristalle (FeS_2) auf Quarz und es ist sofort einsichtig, dass die Bergleute den Pyrit »Katzengold« nannten. Auf den ersten Blick sind die beiden Ausstellungsstücke kaum zu unterscheiden.

Werden die Gesteine durch Verwitterung zerstört und als Geröll mit Regenwasser oder Schmelzwasser abtransportiert, so entstehen die sekundären Lagerstätten in den Flüssen, die aus den Alpen kommen. Das Gold wird dabei klein gerieben und kann sich als Flittergold absetzen. Dieses Gold heißt auch »Seifengold«, ein Wort, das sich von *sifen* = »ausschwemmen« oder »auswaschen« ableitet.[25]

Die Verarbeitung des Goldes, die Abtrennung von taubem Gestein – also Gestein ohne Goldgehalt – und Reinigung erfolgt noch heute prinzipiell so wie im Altertum. Dabei werden zwei Verfahren angewendet. Zum einen wird mit Quecksilber ein Goldamalgam hergestellt, vom Rest getrennt und das Quecksilber wieder abdestilliert. Ein Verfahren, das zu Quecksilbervergiftungen führt und auch ökologische Katastrophen hervorruft.

Das zweite wurde in leicht veränderter Form als *Fire Assay* noch bis in jüngere Zeit durchgeführt. Im Prinzip werden dabei alle Metalle durch Erhitzen und durch Zuschläge in Oxide oder Salze überführt. Nur Gold widersteht diesem Vorgehen und bleibt als Metall zurück. Das reinste Gold wird heute allerdings elektrolytisch gewonnen.[26]

Schon im Altertum lockte das Gold. Die Sage der Argonauten, die das Goldene Vließ aus Kolchis am Schwarzen Meer raubten, ist nur ein Beispiel. Mit dem Goldenen Vließ waren wohl die Schafpelze gemeint, in denen die Goldkörner, die beim Goldwaschen anfielen, gesammelt wurden.[27] Die Interpretation, nach der ein Adept in Kolchis Gold herstellen konnte und dieses Wissen von den Argonauten gesucht wurde, ist wohl unter die alchemistischen Legenden einzuordnen.[28]

Herodot (490–425 v. Chr.) schreibt: »Das meiste Gold gibt es offensichtlich im Norden Europas.«[29] Damit sind wahrscheinlich die Goldvorräte in den Flüssen, die aus den Alpen nach Norden fließen, gemeint. Man kann davon ausgehen, dass im Voralpenland immer noch 0,1–0,3 Gramm Gold pro Tonne Gestein vorhanden ist[30], eine Goldkonzentration, bei der im Altertum durchaus Gold gewonnen wurde, der Aufwand war allerdings unglaublich hoch und nur durch den Einsatz von Sklaven rentabel.

Gold hatte zunächst nur sakrale Bedeutung, Kultgegenstände und Schmuck wurden aus Gold hergestellt. Kulturen in aller Welt kannten das Gold, es wurde als Metall der Sonne angesehen, bei den Maya hieß es »Schweiß der Götter«. Durch Tragen von Goldschmuck hatte man Teil an der Unvergänglichkeit des Metalls, symbolisch stand Gold daher auch für Unsterblichkeit. Ebenfalls sehr alt dürfte die Vorstellung sein, das Tragen von Goldschmuck schütze vor Erkrankungen. Der Goldschmuck wurde bei verschiedenen Völkern dem Verstorbenen ins Grab gelegt und das Gold so der Mutter Erde zurückgegeben. Auch dies spricht dafür, dass Gold zunächst nicht wegen seines Wertes als Münzmetall geschätzt wurde. Erst mit der zunehmenden Bedeutung des Fernhandels – schon im Altertum – wurde leicht handhabbares und nicht zerstörbares Geld wichtig und Gold bot sich als Münzmetall an. Söldner wurden mit Gold bezahlt und in Zeiten der Kriegswirren wurde nun geraten, vor allem Gold und Pferde zu besitzen, da Gold leicht zu transportieren war und Pferde die Flucht ermöglichten.

Die Kelten waren besonders gute Spezialisten der Goldbearbeitung und auch der Eisenbearbeitung. Sie waren berühmt für ihre Waffen, ihren goldenen Schmuck und ihre Goldmünzen. Etwas Besonderes sind ihre Münzen, die als Regenbogenschüsselchen bezeichnet werden. Dies sind Münzen, die beim Prägen eine Schüsselform bekommen hatten. Über sie wurde erzählt, man finde sie am Ende des Regenbogens. Dies dürfte darauf zurückzuführen sein, dass die Münzen, wenn sie vergraben worden waren, nach Gewittern leichter zu finden sind, denn der Ackerboden ist vom Regen weggewaschen und die herauskommende Sonne lässt sie aufglänzen.

Die Kelten gewannen ihr Gold aus den Flüssen nördlich der Alpen. Immerhin wurde noch im Mittelalter Gold aus den Alpenflüssen gewonnen. Eine der ältesten Urkunden zur Geschichte Bayerns aus dem Jahre 788 berichtet von der Goldwäsche im Pongau, im Salzburger Land.[31] In Böhmen, Bayern, Österreich und am Rhein wurde Gold gewaschen. Aus dem Jahre 1674 stammt die älteste deutsche Münze, ein Halbdukat aus der Pfalz, die ganz aus Waschgold des Rheins geschlagen wurde; sie wurden mit der Umschrift *EX AURO RHENI* (Aus Rheingold) versehen.[32] Aus dem Jahre 1756 stammen die bayerischen Flussgold-Dukaten, sie trugen als Umschrift zum Beispiel *EX AURO ISARAE* (Aus Isargold). Noch in den Jahren 1849–1856 wurden in Bayern jährlich zwischen 500 und 2000 Flussgoldmünzen geprägt, diese dienten aber nur zu Repräsentationszwecken und kamen nie in den Geldumlauf.[33]

Justus Liebig macht in seiner Vorlesung folgende Rechnung auf:

Goldgehalt im Rheinsand: 0,00000013
in Flimmern, wovon 17–22 auf 1 mgr gehen –
im Mittel 1 Billiontel.
1 Kubikmeter Sand = 36 Ctr. enthält:
0,0146 Grm Gold
zwischen Rheinau und Philippsburg
71.832 Pfund Gold
Zwischen Basel und Mannheim
104.000 Pfund Gold.[34]

Bei einem Preis von etwa 5500 Euro für ein Kilogramm (Stand März 2002) ergibt sich Gold im Wert von 250 Millionen Euro für die Strecke von Basel bis Mannheim. Der hohe Preis und der Gebrauch des Goldes als Münzmetall war der Anlass für Fälschungen. Die ersten Fälschungen waren recht einfach: Münzen aus Eisen oder Bronze wurden mit einem dünnen Goldüberzug versehen. Ein Kaufmann konnte mit den ihm damals zur Verfügung stehenden Mitteln die Fälschung kaum entdecken. Auch für die betrügerische Goldmacherei, die allerdings erst im Barock verbreitet ist, war der hohe Preis des Goldes der Hauptbeweggrund.

Ganz so leicht war es nie, diese Betrügereien durchzuführen. Der Betrüger lief auch Gefahr, mit Flittergold gekennzeichnet gehängt zu werden. Jeder der Fürsten, die sich für die Goldmacherei interessierten, hatte seinen »Sachverständigen«. Ein guter Goldschmied konnte relativ leicht falsches Gold erkennen. Die Prüfung des Goldes gehörte schließlich zu seinem Geschäft und er hätte schnell Konkurs gemacht, hätte er nicht genau gewusst, wie das Gold auf seine Echtheit geprüft werden muss. Dafür gab es verschiedene Möglichkeiten. Ein Abstrich des Goldes auf einer Schieferplatte und anschließendes Versetzen mit Säure verschiedener Stärke kann natürlich bei einem Goldüberzug der Probe nicht ausreichen.

Auch feuervergoldete Gegenstände hielten dieser Probe stand. Dazu wird ein silberfarbenes Goldamalgam hergestellt, durch Erhitzen im Feuer wird das Quecksilber zu Quecksilberdampf, der entweicht. Damit erhält man einen Überzug aus echtem Gold. Ein guter Zauberkünstler mag damit erfolgreich »Silber« in Gold umgewandelt haben.

Eine eindeutige Methode zur Prüfung, ob ein Gegenstand aus Gold oder einer Goldlegierung bestand, war seit Archimedes (287?–212 v. Chr.) durch die Messung des spezifischen Gewichts eines Gegenstandes bekannt. Dazu wird folgende Geschichte erzählt: König Hieron von Syrakus (306?–125 v. Chr.) hatte sich von einem Goldschmied eine Krone machen lassen und verdächtigte diesen, dass er dem Gold, das der König ihm gegeben hatte, Silber beigemischt habe. Archimedes sollte nun – allerdings ohne die Krone, die dem König offensichtlich doch gefiel, zu zerstören – feststellen, ob die Krone aus reinem Gold oder einer Goldlegierung bestand. Archimedes wusste, dass er durch Vergleich mit einem gleich großen Volumen Goldes ohne Schwierigkeiten feststellen konnte, ob die Krone aus reinem Gold bestand, denn Gold hat ein spezifisches Gewicht von 19,3 g/ml, Silber 10,5 g/ml. Doch das Problem bestand darin, das Volumen zu bestimmen, ohne die Krone zu zerstören. Als er nun ins Bad ging und in das Becken stieg, lief das Wasser über und ihm kam die Idee, dass das Wasser, das überlief, dem Volumen seines Körpers entsprechen musste. Wenn er die Krone demnach in ein volles Gefäß mit Wasser eintauchte, würde das Volumen des auslaufenden Wassers gerade dem der Krone entsprechen. So begeistert war er von der Entdeckung, die bis heute »Archimedisches Prinzip« heißt, dass er nackt durch Syrakus lief und ausrief: »Heureka! Heureka!« (Ich hab's gefunden!). Es stellte sich heraus, dass der Goldschmied Silber beigemengt hatte, er wurde dafür hingerichtet.[35] Eine Krone aus reinem Gold hätte dem König wohl kaum besondere Freude gemacht, ist Gold doch sehr weich, so dass sie bei jedem Aufsetzen verbogen worden wäre und wieder gerichtet hätte werden müssen. Der Goldschmied hatte mit der Legierung eine technologisch richtige Maßnahme für diesen Zweck vorgenommen, aber wohl den Teil des Goldes, den er nicht verwendete, unterschlagen.

Die Geschichte zeigt aber auch, dass geniale Einfälle, und der Einfall des Archimedes war ohne Zweifel genial, nicht von selber kommen. Notwendig ist ein »Erkenntnisinteresse«, damit eine Ereignis neu betrachtet werden kann. Es ist nicht sehr wahrscheinlich, dass Archimedes der erste Mensch war, der in ein volles Becken stieg, mit der Folge, dass Wasser auslief. Vielmehr ist zu vermuten, dass sogar ihm dies schon gelegentlich widerfahren war. Doch unter dem Zwang, eine Lösung für sein dringendes Problem zu finden – es wird auch berichtet, dass er, sollte er keine Lösung finden, seinen Kopf verlieren würde – fällt ihm auf, dass das verdrängte Wasser dem Volumen seines untertauchenden Körpers entspricht.

An dieser Stelle sei noch auf eine Heil- und Rauschpflanze verwiesen. Das Schöllkraut (*Chelidonium Majus L.*) hieß auch Goldwurz oder Goldkraut. Es blüht nicht nur goldfarben und hat einen gelben Milchsaft, der auf der Haut gelbe Flecke hinterlässt, sondern erzeugt bei Leuten, die von der Wurzel gegessen haben, eine Vergiftung, in der alles goldfarben gesehen und zusätzlich die Fernsicht gestört wird[36]. Erzeugte Dionysos die grausame Illusion von der goldenen Welt, mit der er König Midas, der sich törichterweise gewünscht hatte, alles was er berühre, solle zu Gold werden, zur Verzweiflung trieb, durch den Genuss von Goldwurz?

Es gibt ein Verfahren, bei dem goldfarbenes Silber gewonnen werden kann.[37] Lea Matthew Carey (1823–1897) hat 1889 allotropes Silber (a-Ag) gefunden. Eine Zwischenform (i-Ag, von intermediate) ist goldfarben.

Die Vorschrift zur Herstellung dieser Verbindung ist recht einfach. Zwei Lösungen werden zusammengeschüttet, die erste besteht aus 200 ml 10-prozentiger $AgNO_3$-Lösung, 200 ml 20-prozentige Lösung von Rochelle-Salz (Natrium-Kalium-Tartrat) und 800 ml destilliertem Wasser, die zweite aus 107 ml 30-prozentige $FeSO_4$-Lösung, 200 ml 20-prozentige Lösung von Rochelle-Salz und 800 ml destilliertem Wasser. Die zweite Lösung, die direkt vor Gebrauch angesetzt werden muss, wird unter ständigem Rühren in die erste hineingegossen. Es findet eine Reduktion des Silberions durch das Eisen(II)ion statt.

Ein Pulver – zuerst rot, dann schwarz – fällt aus, das im Filter bronzefarben wird. Nach dem Waschen kann es in feuchter Form auf Glas aufgetragen werden und trocknet schön goldfarben auf. Durch Erhitzen lässt sich das goldfarbene Silber in normales Silber überführen.

Von Albertus Magnus ist überliefert, dass er falsches Gold mehrfach der Feuerprobe unterzog und feststellte, dass es diese nicht aushielt. Handelte es sich dabei um dieses goldfarbene Silber? Die Feuerprobe hält es jedenfalls wirklich nicht aus.

Betrachten wir die dabei verwendeten Chemikalien, können wir feststellen, dass sie alle den Alchemisten bekannt waren und von ihnen immer wieder genannt werden. Bleimineralien enthalten immer kleine Mengen Silber, mit Blei wurde in großen Mengen umgegangen. Es ist möglich, dass dabei Silbersalze – Silbernitrat wurde als Höllenstein oder *Lapis infernalis* bezeichnet – entstanden. Tartarus, Weinstein, wurde ebenfalls häufig benutzt und Eisen(II)sulfat ist Eisenvitriol, ebenfalls eine weit bekannte Substanz. Bei dieser Reaktion treten auch alle Farben des Großen Werkes auf: Weiß, Schwarz, Rot und schließlich Goldgelb. Und dieses »Gold« hält das Feuer tatsächlich nicht aus, es wird dann wieder silberfarben.

Es ist nicht auszuschließen, dass diese Reaktion von den Alchemisten bei ihrer »Bleiarbeit« als Nebenreaktion ablief und zu der Annahme führte, es sei Gold oder doch schon eine Verbindung, die weitgehend Gold ähnlich ist, erhalten worden.

Wenn goldfarbene Legierungen hergestellt wurden, kann man nicht immer von Betrug sprechen. Man sollte nicht vergessen, dass dieses »Gold« gegenüber echtem Gold einen »technologischen Fortschritt« darstellen kann. Für das Ritual der Wandlung im Gottesdienst werden Glocken benötigt, nur klingen Glocken aus reinem Gold nicht, denn es ist zu weich. Wohl aber klingen diejenigen aus »abessinischem Gold«, Messing, das auch »Talmigold« hieß, oder auch solche aus »spanischem Gold« (goldfarbene Bronze).[38] Es gibt Kunstwerke aus goldfarbener Bronze, zum Beispiel bei den Kelten, die sicherlich Kultbedeutung hatten. Eine der wichtigsten Legierungen des Altertums war das Elektrum oder Elektron, eine Gold-Silber-Legierung, die in Siebenbürgen und im Altai-Gebirge auch als Mineral mit 15–30 Prozent Silber vorkommt. Es war aber allen Kundigen klar, dass dies eine Legierung ist und damit keine Vermehrung des Goldes stattgefunden hat.

Haben die Alchemisten also eine Methode gekannt, unedle Metalle – meist wird Blei oder Quecksilber erwähnt – in Gold zu verwandeln? Nach unseren derzeitigen wissenschaftlichen Kenntnissen ist eine solche Transmutation nicht möglich. Wir sollten allerdings nicht vergessen, dass eine solche Transmutation für die Alten keine Transelementation oder Elementumwandlung war, sondern eine einfache Stoffumwandlung. Die Metalle waren chemische Stoffe wie andere, und es gab keinen Grund, an der Möglichkeit einer Stoffumwandlung dieser Art zu zweifeln. Außerdem gibt es ernst zu nehmende Beschreibungen einer Umwandlung von Blei in Gold. Wir akzeptieren dies nicht als historische Wahrheit, da eine solche Reaktion zurzeit von der Wissenschaft verboten ist.

Immerhin gibt es in dem Schweizer Magazin *Zeiten-Schrift* einen Bericht über eine Transmutation von Blei in Gold des Schweizer Alchemisten Josef Lüthi. Dort ist zu lesen:

»Das Meisterwerk hingegen ist der Stein Ignis, der Feuerstein ... Der Feuerstein ist die wichtigste Voraussetzung, um auf alchemischem Weg Gold herzustellen. Ja, Sie haben richtig gelesen, es funktioniert tatsächlich. Allerdings schränkt Lüthi gleich ein: ‚Der Alchemist kann nur aus Antimon den Feuerstein Ignis herstellen. Niemand kann Gold aus dem Nichts gewinnen, man kann es nur aus dem Blei tansformieren.' Alchemisch gesehen sind nämlich Blei und Gold ein und dasselbe Element. Lüthi: ›Das Blei ist krankes, verunreinigtes Gold. Und Gold ist gesundes Blei. Ignis ist nichts anderes als das Heilmittel um krankes Gold zu heilen.‹ Josef Lüthi hat diese Tatsache bisher zweimal im Labor nachgewiesen, das erste mal 1973: Wenn man flüssigem Blei bei etwa 1000 Grad Hitze den zu Pulver verriebenen Feuerstein beigibt, beginnt das Blei zu kochen und wie von Geisterhand wird einer Wurst gleich eine Substanz herausgedrückt, die sich bei der Analyse als absolut reines Gold erwies ...«[39]

Ein Märchen oder doch keines?

Die Suche nach Gold hat in der Geschichte untilgbare Spuren hinterlassen. Alexander der Große (353–326 v. Chr.) ist nicht nur der Neugierde wegen nach Indien gezogen, sondern auch auf der Suche nach Gold und anderen Reichtümern. Und Cäsar (100–44 v. Chr.) hat Spanien und Gallien nicht eingenommen und verwüstet, um römisches Recht und römische Zivilisation, die die Gallier gar nicht wollten, einzuführen, sondern um ihr Gold zu rauben. Nach diesen Feldzügen war er, der vorher hohe Schulden hatte, ein reicher Mann, dessen Macht in Rom nicht zuletzt auf den erbeuteten Reichtümern basierte.

Kolumbus (1451–1506) wollte die Goldschätze Indiens suchen und fand dabei den neuen Kontinent Amerika, der zu seiner Freude auch reich an Gold war. Das Gold hat in Spanien nicht nur die Wälder zerstört, die für den Bau der Schiffe, die das Gold aus Amerika holten, abgeholzt wurden, sondern schließlich auch die Wirtschaft des Landes zerstört. Zusätzlich hat die Sucht nach Gold Millionen Indianern das Leben gekostet.

Viele große Männer der Geschichte sind auf Goldraub gegangen und dadurch berühmt geworden, sie stehen heute in unseren Geschichtsbücher als vorbildhafte Persönlichkeiten.

So hat Goethe auch hier recht, wenn er meint:

»Ach wir Armen.«

ALCHEMIE, SPAGYRIK UND IATROCHEMIE

Die Medizin und die Alchemie sind von alters her miteinander verbunden. Heilmittel aus Kräutern, zum Beispiel Kräutertees, wurden schon in früher Zeit verwendet. Auch fettreiche Salben, die mit Kräutern versetzt wurden, dürften schon seit langem benutzt worden sein. All das beruht jedoch auf chemisch-alchemistischen Verfahren.

PARACELSUS

LEBEN

Meist wird gesagt, dass die Alchemie mit den Arbeiten von Paracelsus zur pharmazeutischen Chemie wurde. Dies ist nicht richtig, denn Paracelsus war Alchemist.

Paracelsus, der eigentlich Theophrastus Bombastus von Hohenheim hieß, wurde 1493 in Einsiedeln in der Schweiz geboren. Sein genaues Geburtsdatum ist nicht bekannt. Wir wissen nur, dass er am 24. September 1541 vor seinem 48. Geburtstag gestorben ist. Er muss zwischen September 1493 und Frühjahr 1494 geboren worden sein. Da Paracelsus als Reformator der Medizin betrachtet wurde, nannte man ihn auch den »Luther der Medizin«. Man gab ihm daher denselben Geburtstag wie Martin Luther (1483–1546), nur dass letzterer zehn Jahre älter war. So geistert der 10. November 1493 als Geburtstag des Paracelsus durch die Literatur.

Einer der Pilgerwege nach Santiago de Compostela, ein Ort, zu dem Alchemisten pilgerten, führte über Einsiedeln, galt doch der Heilige Jacobus der Ältere, der dort verehrt wird, als Schutzheiliger der Alchemie.

1502 zog Paracelsus mit seinem Vater Wilhelm von Hohenheim (1457?–1534) nach Villach, die Mutter war schon gestorben. In der Literatur sind viele Theorien über den frühen Tod der Mutter zu finden. Am wahrscheinlichsten ist, dass sie im Kindbett starb.[40] Paracelsus, der missgestaltet war, sagte von sich, er sei im Mutterleib verdorben worden; es ist also durchaus möglich, dass seine Geburt schwierig war.

In Villach war sein Vater Stadtarzt und Paracelsus kam mit den Berufskrankheiten der Bergleute in Kontakt. Kärnten war damals ein Zentrum des Erzbergbaus. Es scheint, dass er in Villach und Umgebung eine Ausbildung erhielt, die ihm den Weg zu seiner späteren Tätigkeit wies. Möglicherweise holte er sich bei diesen Besuchen in den Minen eine Schwermetallvergiftung, die zu seinem relativ frühen Ende beigetragen haben kann.

Für die Wissenschaftsgeschichte ist Paracelsus ein schwieriges Kapitel. Er hat möglicherweise bis zu 20 000 Seiten geschrieben, obwohl er nur 47 Jahre alt wurde. Er war ständig unterwegs, konnte nirgends lange bleiben und machte sich durch seine Art des Umgangs mit Kollegen überall unbeliebt. So war er stets auf Reisen. Eine gut dokumentierte Reise führte ihn u. a. nach Villach, Salzburg, Wien, Nürnberg, Basel, St. Gallen, Colmar, Straßburg und Zürich. Weniger gut dokumentiert sind größere Reisen, wonach er auch Santiago de Compostela, Istanbul und Kairo besucht haben soll. Er starb in Salzburg und ist auch dort begraben. Über seinen Tod gibt es ebenfalls die verschiedensten Legenden. Wenige Tage vor seinem Tod schrieb er ein Testament, was dafür spricht, dass er sich der Schwere seiner Erkrankung durchaus bewusst war. Dennoch gibt es in der Literatur die Vermutung, er sei umgebracht worden, entweder, weil er den Stein der Weisen besaß und sich die Mörder in dessen Besitz bringen wollten oder im Auftrag neidischer Kollegen aus Salzburg.

Die Hochschätzung des Paracelsus zeigte sich darin, dass 1831, als es eine Choleraepidemie in Europa gab, die Leute in Salzburg zu Paracelsus beteten, nicht zu einem Heiligen, und Salzburg von der Cholera verschont blieb.

Der Schweizer Märchen- und Sagenforscher Sergius Golowin sammelt Paracelsus-Sagen[41]. Er ist der Ansicht, dass man Paracelsus, wenn man nicht wüsste, dass er tatsächlich gelebt hat, nach den Geschichten, die über ihn im Umlauf sind, für eine Sagengestalt wie Rübezahl halten würde.

Die Einschätzung der Bedeutung von Paracelsus war im Laufe der Zeit allerdings großen Schwankungen unterworfen. So schreibt Karl Christoph Schmieder 1832 über ihn: »Ein noch blendenderes Irrlicht hatte jener Zeitraum an Philippus Aureolus Paracelsus Theophrastus Bombast von Hohenheim, einem Schweizer geboren 1493 zu Einsiedeln, wovon er auch zuweilen Eremita zubenannt wird, gestorben zu Salzburg 1541. Er ist der größte Marktschreier in der Geschichte der Arzneikunst und der Alchemie.«[42]

Auch heute noch sind die Meinungen über Paracelsus geteilt. Im *Römpp Chemie Lexikon*[43] wird als einziges Arbeitsgebiet die »Begründung der pharmazeut. Chemie (Iatrochemie) ...« angegeben. In *Meyers Enzyklopädischen Lexikon*[44] ist u. a. zu lesen: »Er war nicht der große Erneuerer der Medizin am Beginn der Neuzeit, als der er lange galt ... Seine Persönlichkeit und sein Werk sind bis heute umstritten.« Die Vereinnahmung von Paracelsus durch die Nationalsozialisten erwies sich für sein Ansehen ebenfalls nicht gerade als günstig.

Die Herausgabe der Werke von Paracelsus durch Bernhard Aschner (1883–1960)[45] – eine sehr lesbare Übersetzung – und Karl Sudhoff (1853–1938)[46] – nicht so leicht zu lesen – ermöglichen es, sich wieder direkt mit seinen Schriften zu beschäftigen. Paracelsus hatte nach seinem Tode viele Anhänger, die als Paracelsisten bezeichnet werden. Daher waren seine Vorstellungen niemals völlig vergessen. Seine Vorschriften zur Herstellung von Arzneimitteln sind allerdings häufig sehr unklar. So schreibt schon Libavius (eigentlich Andreas Libau, 1555?–1616) in seiner *Alchemie* von 1597, einem ersten systematischen Lehrbuch des damaligen alchemistischen bzw. chemischen Wissens, u. a. über eine »Erhöhte Tinktur von Gold nach Paracelsus«: »Die Vorschrift ist obskur«.[47] Dennoch, auf ihn berufen sich die Spagyriker, die nach Methoden, die auf Paracelsus zurückgehen sollen, Heilmittel herstellen. Die unklaren Vorschriften des Paracelsus führen auch bei seinen Nachfolgern zu Streitigkeiten über die richtigen Methoden und die richtige Auslegung der Texte.

AUS SEINEN SCHRIFTEN

Der Begriff Spagyrik wird von Paracelsus für den Teil der Alchemie benutzt, der sich mit der Herstellung von Heilmitteln aus Pflanzen, Mineralien, Metallen und Tieren beschäftigt: »Darum lerne die Alchemie oder Spagyrie«[48] schreibt er im Buch *Paramirum*.

Insbesondere hier widmet sich Paracelsus der medizinischen Tätigkeit. Dies sei anhand der Zahlen eins bis fünf erläutert.

Die Eins ist der Ursprung allen Seins, der Mensch ist als Einheit geschaffen. Bei Paracelsus steht die Eins auch für den Archäus, die Lebenskraft oder den inneren Alchemisten. Dieser innere Alchemist, das innere Feuer, verwandelt, transmutiert die Stoffe, die der Mensch als Nahrung zu sich genommen hat, in Fleisch, Blut und Knochen. Dabei entstehen im Körper ja tatsächlich neue Stoffe, die nicht in der Nahrung enthalten waren, wie zum Beispiel der Zahnschmelz.

»Dieser Alchemist hat im Magen seinen Sitz, der sein Instrument ist, worin er kocht und arbeitet. Das ist so zu verstehen, dass der Mensch, welcher Fleisch isst, darin Giftiges und Gutes aufnimmt. Aber er hält die ganze Speise beim Essen für gut, wenn auch unter dem Guten das Gift verborgen liegt und das Böse nichts Gutes enthält. Wenn also die Speise, in unserem Beispiel das Fleisch, in den Magen kommt, alsbald ist der Alchemist da und scheidet aus. Was nicht zur Gesundheit dient, wirft er an einen besonderen Ort, das Gute kommt auf seine Stelle, wo es hingehört. So ist der Wille des Schöpfers. So wird der Leib davor bewahrt, dass ihm von dem Gifte, das er genießt, etwas Böses widerfahre, denn dieses wird vom Alchemisten ausgeschieden, ohne dem Menschen schaden zu können. So wirkt die vorzügliche Fähigkeit und Kraft des Alchemisten im Menschen.«[49]

Die Ernährung muss dann darauf ausgerichtet sein, den Alchemisten im Magen sozusagen nicht zu überfordern. Paracelsus war daher kein Anhänger einer absoluten Rohkost, denn das Feuer, dem Nahrungsmittel beim Kochen unterworfen werden, verrichtet schon einen Teil des Werkes des Alchemisten im Magen und er ist auch kein Befürworter einer vegetarischen Ernährung. Der Mensch hat für ihn eine durchaus tierische Natur: »Und es gibt kein Tier auf Erden, das nicht um des Menschen willen da und erschaffen wäre, so dass aus ihnen allen der Mensch gemacht worden ist. Darum kann er ohne sie nicht sein, er muss sie haben ... Da also der Mensch so geschaffen ist, so ist auch das Vieh seine Nahrung.«[50] Allerdings sind nicht alle Tiere gleich gut als Speise. Besonders gut ist das Fleisch der Tiere der Luft, also des Geflügels, denn ohne Luft kann der Mensch nicht leben. Eine Auffassung, die heute wieder in der Ernährungslehre – wenn auch mit anderer Begründung – zu finden ist.

Die Zwei ist Kennzeichen der Dualität und Polarität. Die Analogie von Makrokosmos und Mikrokosmos, der bekannte Lehrsatz der Alchemie und der gesamten hermetischen Philosophie, »Wie oben so unten«, ist natürlich ebenfalls ein Produkt dieser dualen Weltsicht. Auf diesem Satz baut dann die Signaturlehre auf. »Es gibt zweierlei Arzneien, die Leib- und die Wundarznei«, so Paracelsus im Buch *Paramirum*[51], und weiter: »Eine jede Krankheit, die von innen nach außen dringt, kommt dem *Physicus*, (dem Arzt) zu und jede, die von außen nach innen dringt, dem *Chirurgicus*.«

Diese Unterscheidung akzeptieren wir so heute wohl nicht mehr, doch können wir auch nach wie vor zwei Arten von Krankheiten unterscheiden: solche, die auf äußere Einflüsse zurückgehen, Verletzungen, Gifte, Keime, falsche Ernährung usw., und solche, die aus dem Organismus entstehen, der mit seinem eigenen Leib oder mit seiner Seele im Kampf liegt. Die erste Art ist das Gebiet der Schulmedizin, die hier ihre Erfolge hat. Wenn sie versucht, Störungen der zweiten Art zu heilen, als sei es eine Krankheit der ersten Art, ist sie diesen nicht gewachsen. In diesem Fall müssen die Störungen anders aufgelöst werden. Eine funktionelle Unterscheidung der beiden Arten ist nicht immer leicht, sie überschneiden sich im Organismus.[52]

Ebenfalls im Buch *Paramirum* finden wir: »In einem jeden Ding ist eine Essenz und ein Gift. *Essentia* ist das, was den Menschen am Leben erhält, Gift, das, was ihm Krankheit zufügt.«[53]

Die Drei steht für die *Tria Principia*, Sal, Sulfur und Merkur, die von Paracelsus wieder eingeführt wurde: »Sie sagen nach der alten philosophischen Lehre, dass aus Mercur und Sulphur alle Metalle wachsen, dass aus reinem Erdreich kein Stein wachse: Nun seht, was sie lügen. Und zwar aus dem Grunde. Wo ist der, der da fände, dass die Materie aller Metalle allein in Sulphur und Mercur sei, während die Metalle und alle mineralischen Dinge auf drei Dingen gegründet sind und nicht auf zweien.«[54]

»Vor allem muss der Arzt wissen, dass der Mensch aus drei Substanzen besteht. Der Mensch ist zwar aus dem

Nichts erschaffen worden, aber er ist doch aus etwas geschaffen. Dieses Etwas zerfällt in drei Teile.«[55] Und weiter: »Ohne Anwendung des Feuers kann man über die Qualitäten der Substanzen noch keinerlei Aussagen machen. Das Feuer erprobt alle Dinge. Wenn also das unreine entfernt wird, sind drei Substanzen übrig.«

Die drei Prinzipien können auch als drei Ebenen einer Erkrankung bzw. der Heilung betrachtet werden.

Dies sei an einem Beispiel verdeutlicht, das von dem Physiker Otto Robert Frisch (1904–1979) stammt:[56] »Warum hat John sein Bein gebrochen?« Auf diese Frage gibt es Antworten auf den verschiedensten Ebenen:

»Die Kante des Gehwegs wirkte als Hebel auf seinen Knochen«, könnte der Chirurg sagen, der den Knochen schient. Dies ist die Erklärung auf der Ebene des Sal, des Körpers, eine physikalische Erklärung. Natürlich ist die Diagnose und die Therapie auf dieser Ebene notwendig und sinnvoll.

»Er achtet niemals darauf, wo er hintritt.« Diese Erklärung bewegt sich auf der Ebene des Merkur, des Intellekts, der Ratio. Selbstverständlich ist es eine Aufgabe des Intellekts, uns davor zu bewahren, in Situationen zu kommen, die unsere körperliche, geistige und seelische Unversehrtheit gefährden.

»Er wollte unbewusst schon immer Urlaub machen.« Diese Erklärung bewegt sich auf der Ebene des Sulfur, der Seele. Sollte dies der eigentliche Grund sein, so sind doch die anderen Ebenen nicht überflüssig geworden.

Eine letzte Antwort sei noch angeführt: »Weil irgendein Idiot eine Bananenschale auf die Straße geworfen hat.« Diese Antwort enthebt den Patienten, darüber nachzudenken, ob bei ihm ein Problem liegen könnte. Nur die böse Außenwelt ist schuld.

Vier Säulen der Heilkunst kennt Paracelsus im Buch *Paragranum*: Philosophie, Astronomie, Alchimie und *Proprietas* oder *Virtus*.

Philosophie, darunter ist alles Wissen über die Natur zu verstehen, Biologie, Naturgeschichte, Erdkunde, Kenntnis des Menschen und seiner biologischen Funktionen, eigentlich all das, was der Arzt auch sonst zu lernen hat:

»Denn aus der Natur kommt die Krankheit, aus der Natur kommt die Arznei, und nicht vom Arzt. Da nun die Krankheit aus der Natur kommt und nicht vom Arzt, und auch die Arznei aus der Natur und nicht vom Ärzte kommt, so muss der Arzt so sein, dass er von diesen beiden lernt, und was sie ihn lehren, muss er tun, und lehren sie ihn nichts, so kann er nichts und weiß er nichts.«

Astronomie, das ist nach unseren Begriffen Astrologie, nämlich die Kenntnis des Makrokosmos, der Sterne und Planeten und ihrer Wirkungen auf den Mikrokosmos Mensch. Dabei geht es auch um die Zeitlichkeit. Alles ist der Zeit unterworfen, auch die Krankheit. Für jede Krankheit gibt es einen zeitlichen Verlauf und aus diesem Ablauf folgt auch, dass jede Krankheit zu Beginn heilbar ist, wenn sie aber zu weit fortgeschritten ist, kann auch der beste Arzt nicht mehr helfen.

Im Menschen sind aber auch die einzelnen Körperregionen den Planeten zugeordnet:

»Und da die Arznei nichts ohne den Himmel wirken soll, so muss sie durch den Himmel wirken. So ist sie nicht anders zu behandeln, als dass du ihr die Erde hinwegnehmest, denn diese regiert der Himmel nicht, darum sei sie von der Arznei geschieden. Wenn du sie nun geschieden hast, so unterliegt die Arznei dem Willen der Gestirne, wird vom Gestirn geführt und geleitet. Das also, was zum Hirn gehört, wird zum Hirn durch die Luna geführt, was zur Milz gehöret, wird zur Milz durch den Saturn geführt, was zum Herzen gehört, wird durch die Sonne zum Herzen geleitet, und also wird durch Venus die Niere, durch Jupiter die Leber, durch Mars die Galle beherrscht ...

Ferner merke davon: Was für Wert hat deine Arznei, die du den Frauen für die Gebärmutter gibst, wenn dir die Venus sie nicht dahingeleitet? Was wäre die Arznei für das Hirn, wenn sie nicht wie Luna dahinführte?«

Die dritte Säule ist die Alchemie: »Nun weiter zu dem dritten Grund, auf dem die Arznei steht. Dieser ist die Alchimie. Wenn der Arzt nicht darin am meisten und besten beflissen und erfahren ist, dann ist seien ganze Kunst umsonst. Denn die Natur ist so subtil und scharf in ihren Dingen, daß sie nicht ohne große Kunst angewendet werden mag. Denn sie bringt nichts auf den Tag, das für sich selbst vollendet wäre, sondern der Mensch muss es vollenden. Diese Vollendung heißt Alchimia. Denn der Alchimist gleicht dem Bäcker darin, dass er Brot bäckt, dem Winzer darin, daß er Wein macht, dem Weber darin, daß er Tuch macht. Der also, der das, was in der Natur dem Menschen zunutze wächst, dahin bringt, wozu es von der Natur bestimmt wurde, der ist ein Alchimist.«

Die Ärzte stellten ihre Arzneien häufig selbst her, die Apotheker waren dazu gar nicht immer in der Lage, und griffen ihn an, worauf Paracelsus antwortete:

»Die Apotheker sind mir auch feind, sagen, ich sei seltsam, wunderlich, niemand könne es mir recht tun ... Ich schreibe kurze Rezepte, wenige und selten, nicht mit vierzig oder sechzig Ingredenzien; ich leere ihnen ihre Büchsen nicht und schaffe ihnen nicht viel Geld ins Haus ... Wem habe ich als ein Doktor geschworen? Dem Apotheker den Handel anzutreiben? Oder dem Kranken zu seinem Nutzen zu verhelfen?«[57]

Eine vierte Säule *Proprietas* oder *Virtus* kommt hinzu. Darunter ist die Rechtschaffenheit, Ehrlichkeit und Integrität des Arztes zu verstehen. Erst dadurch können die anderen Säulen für den Arzt wirksam werden.

Kommen wir zur Fünf: Paracelsus kennt fünf übergeordnete grundsätzliche Krankheitsursachen, die fünf Entien:[58]

»Ihr habt zum Beispiel eine Krankheit, die Pestilenz. Nun wäre die Frage zu beantworten, woraus sie stamme? Ihr gebt mir die Antwort, infolge Störung im Zusammenwirken der natürlichen Kräfte. Ihr sprechet jetzt als die Naturales, doch sagt der Astronomus, dass der Lauf der Himmelsgestirne die Krankheit bewirkt. Nun wessen Ansicht ist die wahre? Ich entscheide mich dafür, dass ihr beide recht habt. Aus der Natur, wie aus den Gestirnen und aus drei anderen Dingen kommen die Krankheitsursachen, denn *Natura* ist ein *Ens*, Astrum ist auch ein *Ens*. So wisset denn, dass es fünferlei Pestilenz gibt, nicht mit Bezug auf ihre Natur, ihr Wesen, ihre Form oder Gestalt, sondern bezüglich ihrer Entstehung, mögen sie sich auch später in jeder beliebigen Weise äußern. So behaupten wir denn, dass unser Leib den fünf Entien unterworfen ist und jedes *Ens* Macht über alle Krankheiten besitzt und sie über uns zu bringen vermag. Es gibt nämlich fünferlei Wassersucht, fünferlei Gelbsucht, fünferlei Fieber, fünferlei Krebs und so fünf Arten jeder Krankheit.«[59]

Und so unterscheidet Paracelsus ein *Ens astrorum* (auch *Ens astrale*), ein *Ens veneni* (*Venenum* = Gift), ein *Ens naturale*, ein *Ens spirituale* (»von den gewaltigen Geistern«) und ein *Ens Dei* (»dass Gott der ist, der die Gesundheit gibt und Krankheit ...«).

Von diesen Entien beziehen sich die ersten drei, *Ens astrale*, *veneni* und *naturale* auf den Leib, die beiden anderen, *Ens spirituale* und *Ens Dei*, auf den Geist. Die ersteren kann man sich als Wirkungspotenziale der Sterne, der Nahrung, die zunächst einmal ein Gift ist, und der Natur des Menschen, wir würden heute sagen, der Disposition für eine Krankheit, vorstellen. Das *Ens spirituale* könnte sich auf das, was wir Geistheilung bezeichnen, also auf eine Art magischer Heilung beziehen, das *Ens Dei* dagegen ist das einzige christliche, denn alle Krankheit kommt eigentlich von Gott. Krankheiten, die durch das *Ens Dei* bewirkt werden, sind nur durch die

Gnade Gottes heilbar. Das bedeutet, dass Krankheit eine Folge der Nichtübereinstimmung des göttlichen Kerns im Menschen mit Gott ist.

Der Einfluss der Sterne auf die Krankheiten bedeutet aber auch, dass die Erscheinungen der Krankheiten sich ändern können, wenn die Konstellation der Sterne sich ändert. Damit lassen sich aus astrologischen Überlegungen zwanglos die Veränderungen ableiten, die sich zum Beispiel bei verschiedenen Grippevarianten zeigen.

Entsprechend gibt es auch fünferlei Heilmethoden oder fünferlei Arzneikunst: »Wisse, dass alle Krankheiten auf fünferlei Art geheilt werden ... eine jede dieser fünf Fakultäten: Naturales, Specifici, Charakterales, Spirituales und Fideles, ist imstande alle Krankheiten zu heilen.«[60]

Die Übertragung der Fakultäten auf die heutige Zeit ist nicht ganz einfach. Folgt man dem Arzt Hermann E. Helmrich[61] ergibt sich das folgende Bild:

Von der Fakultät der *Naturales* sind in der Erfahrensheilkunde eine Reihe von naturgemäßen Heilmethoden und Heilpflanzenkenntnisse, deren Ausübung in der Regel nach alten Vorschriften folgt, geblieben. Die traditionelle Heilpflanzenlehre mit ihren Indikationen, die von Wissenschaftlern immer wieder einmal bezweifelt werden, ist ein Beispiel dafür.

Die meisten Überlieferungen naturalischer Einsichten allerdings unterstehen heute der spezifischen Fakultät, da sie nur gültig sind, wenn sie durch die Schulmedizin abgesichert sind. Diese benutzt dafür naturwissenschaftliche Methoden, mit deren Hilfe die Wirkung der Mittel auf spezifische Symptome untersucht wird.

Die Fakultät der *Characterales* geht einen Schritt weiter, sie bezieht sich nicht mehr auf den Körper, sie verlässt das stoffliche Gebiet und entspricht heute der Psychotherapie.

Die Fakultät der Spirituales befasst sich mit dem Geist durchaus im Sinne eines Weltgeistes, der im

Makrokosmos und im Mikrokosmos gleichermaßen wirkt. Insbesondere die Kräutergeister, die nicht im Stofflichen allein zu suchen sind, müssen freigesetzt werden, damit sie heilend werden. Dies ist das Ziel der Spagyrik und in einem gewissen Sinn auch der Homöopathie. Allerdings ist in der Spagyrik das Prinzip Sal = Körper noch wirksam, in der Homöopathie nicht.

Damit sind *Naturalis* und *Specifici* Fakultäten, die primär auf den Körper wirken, *Characterales* und *Spirituales* Fakultäten, die auf die Seele und den Geist wirken.

Die Fakultät der *Fideles* entspricht dem Glauben, der Heilung durch die Gnade Gottes.

Das Heilsystem von Paracelsus ist meiner Meinung nach bestechend. Es lässt viele Möglichkeiten der Diagnose und der Therapie zu, bis hin zu Geistheilung oder dem Simileprinzip der Homöopathie. Das Simileprinzip findet sich bereits in den hermetischen Schriften und Samuel Hahnemann (1755–1843) hat es übernommen. Auch die Potenzierung kannten die Alchemisten, im *Aureum Vellum*, einer Schrift aus dem 18. Jahrhundert ist sie erwähnt. Es ist bekannt, dass Hahnemann angibt, er habe sich niemals mit den Arbeiten von Paracelsus oder der Alchemie befasst, dies darf allerdings bezweifelt werden.[62] Bei beiden steht der Patient im Mittelpunkt des ärztlichen Bemühens, nicht die Krankheit. Der Satz von Hahnemann, »Wir behandeln Menschen, nicht Krankheiten«, könnte ohne weiteres von Paracelsus stammen. Auch wenn wir das System des Paracelsus nicht mehr so einfach übernehmen können, so sollten wir uns doch die Möglichkeiten, die in einem solch offenen System liegen, wieder zu Eigen machen und unkonventionelle Heilweisen zulassen.

Die Herstellung spagyrischer Heilmittel folgt den Vorstellungen des Paracelsus. Danach werden die Rohstoffe, zum Beispiel die ganze Pflanze, in die drei Prinzipien Sal, Sulfur und Merkur getrennt, gereinigt und danach wieder zusammengefügt. *Spao* = ich trenne und *ageiro* = ich verbinde, aus diesen beiden Worten ist Spagyrik zusammengesetzt. Nach den Verfahren, die im *Homöopathischen Arzneimittelbuch* aufgeführt sind, geschieht dies – verkürzt – in folgender Weise: Die Pflanze wird einer Wasserdampfdestillation unterworfen, damit werden die ätherischen Öle abgeschieden – sie werden als Sulphur bezeichnet. Eine Gärung des Rückstandes führt zu Alkohol, dem Merkur, und anschließend werden die Reste verascht, dies ergibt das Sal. Nach einer Reinigung der drei Prinzipien werden diese wieder zur spagyrischen Essenz vereinigt.

Da der Alchemist im Magen geschwächt ist, ist der Mensch krank, und es muss der äußere Alchemist tätig werden und die von der Natur gelieferten Stoffe von allem Schlechten befreien. Daher müssen alle Stoffe alchemistisch zubereitet werden. Es ist nicht nur die Dosis, wie Paracelsus immer zitiert wird, sondern auch die richtige Zubereitung. Ein roher Naturstoff sollte nicht verwendet werden, denn dieser enthält immer auch Schlechtes. Die Natur ist nicht von sich aus gut, sie hat den Sündenfall mitgemacht und seither ist es die Aufgabe des Alchemisten, diese Produkte so zu bearbeiten, dass das Gute vom Schlechten getrennt wird, so Paracelsus.

Paracelsus hat auch sicherlich nicht »krudes Quecksilber« verschrieben. Libavius, der ein entschiedener Kritiker von Paracelsus war, gibt folgendes Rezept an:

> *Quintessenz von Merkur*
> Reinige den Merkur mit kalziniertem Weinstein. Sublimiere über Vitriol, Nitrumsalz und Alaun, gieße abgestumpften und korrigierten Weingeist zu, digeriere, bis ein schleimiges Fett übergeht. Destilliere dieses bei stärkstem Feuer mit der Retorte, bis eine milchige Flüssigkeit übergeht. Gib diese in die Retorte zurück und führe den Liquor in Gestalt eines ganz weißen, stark riechenden Öles nochmals über. Zirkuliere dies mit Weinquintessenz bis zur richtigen Subtilität.

Bei der Franzosenseuche gibt man sie in kleiner Dosis innerlich und wendet sie auch äußerlich an.[63]

Es ist offensichtlich, dass es sich nicht einfach um ein Quecksilbersalz handeln kann, sondern um ein Öl, das mit Hilfe von Quecksilbersalzen oder -oxiden in einem aufwändigen Prozess gewonnen wurde.

DIE SPAGYRIK BEI DEN PARACELSISTEN

Die Spagyrik wurde von den Paracelsisten weitergeführt. 1609 wurde an der Universität Marburg das erste chemiatrische Labor an einer Universität eröffnet. Der Begründer Johann Hartmann (1568–1631) lehrte gegen ein nicht geringes Entgelt die Herstellung von Heilmitteln. Bis zum Beginn des 19. Jahrhunderts waren Chemiker an den Universitäten in der medizinischen Fakultät angesiedelt, selbst der berühmte Chemiker Justus Liebig begann seine Laufbahn noch mit einem Institut für pharmazeutische Chemie.

Johannes Agricola (1590–1668) verfasste ein Werk, die *Chymische Medizin*[64], in dem Vorschriften zur Herstellung solcher Mittel und ihre Indikationen angegeben werden, ein wichtiges Dokument der Kenntnisse der damaligen Ärzte.

Johann Rudolf Glauber war nicht nur Apotheker und Begründer der technischen Chemie, wie allgemein bekannt ist, er war auch Spagyriker. In seinem *Glauberus concentratus*[65] erläutert er spagyrische Herstellungsweisen. Er führt Alchemie übrigens auf Halchemie zurück, die Chemie des Salzes. Seinem Glaubersalz, Natriumsulfat, traute er ungeheuer viel zu, denn er nahm an, dass er dadurch vom Typhus geheilt worden sei. Das Wasser der Heilquelle, das ihm geholfen hatte, enthielt, wie er feststellte, Natriumsulfat. Aus seiner Feder stammen auch eindrucksvolle Vorschläge zur Verbesserung der Lebensbedingungen durch bessere Ausnutzung der natürlich vorkommenden Rohstoffe und durch Förderung des Exports.

Da die behaupteten Wirkungen spagyrischer Mittel sehr eindrucksvoll sind, ist es bedauerlich, dass es nur wenige klinische Studien gibt. Ich kenne nur eine randomisierte Doppelblindstudie; sie stammt von W. Steger und ist für das Mittel Phönix Plumbum 024 A zur Bekämpfung von Colon irritabile und Gallenwegdyskinesien durchgeführt worden. In der Zusammenfassung ist zu lesen: »Im Rahmen einer klinischen, randomisierten Doppelblindstudie mit Vergleich einer Verum- und Placebogruppe,« – das Placebo war eine 30–prozentige alkoholische Lösung – »wurde an 40 Patienten mit den Indikationen Colon irritabile und Gallenwegdyskinesien die therapeutische Wirkung des Phythotherapeutikums Phönix Plumbum 024 A geprüft. Die Behandlung bestand in der vierwöchigen Einnahme von 4 mal 20 Tropfen Phönix Plumbum bzw. Placebo. Die erhobenen Daten wurden nach üblichen statistischen Verfahren ausgewertet. Schmerzen und Symptome besserten sich in der Phönix-Plumbum-Gruppe nach 4-wöchiger Behandlung statistisch hochsignifikant (P<0,0001). Der Unterschied zwischen der Phönix-Plumbum-Gruppe und der Placebo-Gruppe war ... ebenfalls hochsignifikant (p<0,001).«[66]

Die spagyrischen Phönix-Mittel werden nach einer Methode hergestellt, die Johann Conrad Glückselig (1864–1934) entwickelt hat. Er bezieht sich wiederum auf Paracelsus, doch ist nicht bekannt, wo er diese Vorschriften gefunden hat. Die Mittel bestehen aus einem Grundkomplex, dem je nach Bedarf andere Bestandteile zugesetzt werden, in dem erwähnten Fall eine Bleizubereitung.

Der Dichter und Alchemist Alexander von Bernus war sicherlich einer der wichtigsten Spagyriker des 20.

Jahrhunderts; er gründete die Firma Soluna. Seiner Ansicht nach würden durch die spagyrische Aufbereitung die Stoffe aufgeschlossen und intensiviert. Schüler hatte er jedoch keine, er begründete dies mit den Worten aus Faust I ganz in der Tradition der Alchemisten:

> Das Beste was Du wissen kannst
> Darfst Du dem Schüler doch nicht sagen.

Es gibt weiterhin eine Reihe kleiner Firmen, die Spagyrika herstellen, in Deutschland, Österreich, Schweiz, Frankreich, USA, Australien usw., ob sie allerdings weiter produzieren können oder ob sie den gesetzlichen Regulierungen zum Opfer fallen – wie schon viele homöopathische Mittel –, ist derzeit noch nicht abzusehen, zu verstehen ist es nicht.

DER EINFLUSS DER ALCHEMIE AUF DIE KÜNSTE

Es ist durchaus erstaunlich, in welchem Umfang die Künste bis in die Gegenwart hinein von der Alchemie beeinflusst wurden und in welchem Umfang die Alchemie selbst Kunst hervorgebracht hat. Der Bezug zur Alchemie oder zur hermetischen Philosophie tritt dabei naturgemäß unterschiedlich stark hervor.

In den alchemistischen Büchern selbst finden sich, neben Abbildungen von Laborgeräten, symbolische Darstellungen, die die Herstellung des Steins der Weisen erläutern. Es sind diese Bilder, die unser Unterbewusstsein ansprechen, die uns an etwas nicht näher Bestimmbares erinnern. Solche symbolischen Darstellungen finden sich seit dem 15. Jahrhundert. Einige der Symbole sind in verschiedensten Formen und Zusammenhängen dargestellt, so der Hermaphrodit, das Wesen, das sowohl männliche als auch weibliche Geschlechtsmerkmale hat. Er gilt als Sohn der Venus und des Hermes und soll die Vereinigung der Gegensätze darstellen und damit die Rückkehr zur ursprünglichen Einheit. Zum ersten Mal findet sich der Hermaphrodit in dem Buch der Heiligen Dreifaltigkeit vom Beginn des 15. Jahrhunderts. Ein Buch, das auf dem Konzil in Konstanz dem Kaiser überreicht wurde. Der Autor will Gold nur herstellen, um die Häretiker, die Abweichler von der reinen katholischen Lehre, verfolgen zu können.

Die Kunst des Buchdrucks brachte dann einen ungeheuren Aufschwung. Damit wurden Bücher für die Interessierten erst erschwinglich und alchemistische Literatur, illustriert mit Stichen, war ein gutes Geschäft. Erst gegen Mitte des 18. Jahrhunderts nimmt die Produktion alchemistischer Bücher dramatisch ab.

Unter den Alchemistendarstellungen finden sich realistische und phantastische Bilder von Laboratorien sowie solche, die auf satirische Weise den Betrug der Alchemie kommentieren. Als Standardwerk zur Ikonographie der Alchemie sei an dieser Stelle auf Jacques von Lenneps Werk *Alchimie* verwiesen.[67]

BILDENDE KUNST

Wirklich überraschend ist die Tatsache, in welchem Umfang Maler von der Alchemie beeinflusst waren und sind, so etwa in der Vergangenheit Hieronymus Bosch (1450–1516) oder Pieter Breughel der Ältere (1525?–1569). Ein Grund ist sicherlich, dass Maler eine gute handwerklich-chemische Ausbildung hatten. Die Farben und Firnisse mussten schließlich vom Maler selbst hergestellt werden. Noch heute benutzen Maler Pigmente, die schon von alters her verwendet wurden. Immer noch ist echtes Ultramarin, das aus dem Halbedelstein Lapislazuli hergestellt wird, teurer als Gold.

Im 20. Jahrhundert haben die Künstler erneut die Alchemie für sich entdeckt.

Die Surrealisten, angeregt auch durch einen Autor, der unter dem Pseudonym Fulcanelli 1925 das Buch *Les Mystères des Cathédrales*[68] von seinem Schüler Eugène Canseliet (1899–1982) herausgeben ließ, beschäftigten sich mit der Alchemie.

Eines der Hauptwerke von Marcel Duchamp (1887–1968), *Le Grand Verre* oder *La Mariée mise à nu par ses Célibataires même* (Das Große Glas oder Die Braut, von ihren Junggesellen nackt entblößt), erscheint wie eine Paraphrase auf eine Abbildung aus einem alchemistischen Werk, dem Manuskript des Philosophen Solidonius aus dem 18. Jahrhundert. Dort sehen wir zwei bekleidete Männer, die eine Frau ausziehen, die Braut entkleiden. In der Alchemie könnte dies bedeuten, den Merkur von allem Unreinen zu befreien. Das Bild von Duchamp ist religiös, symbolistisch, psychoanalytisch und hermetisch gedeutet worden.

Rudolf Steiner (1861–1925), der Begründer der Anthroposophie, hat sich mit der Alchemie und den Rosenkreuzern beschäftigt. Über die Kenntnis verschiedener Vorträge Steiners ist Joseph Beuys (1921–1986) mit der Alchemie in Berührung gekommen. Besonders seine Arbeiten mit Bienenwachs resultierten daraus.[69]

Yves Klein (1928–1962) fand ebenfalls über die Rosenkreuzer zur Alchemie. Nach seiner blauen monochromen Phase, bei der eventuell die Farbe Blau auch als Farbe der blauen Blume der Romantik Pate stand, malte er mit Gold die Tafeln *Das Schweigen* und *Das Goldene Zeitalter*, im Katalog gibt es dazu das Kapitel über Alchemie.[70]

In der Ankündigung einer Ausstellung des Malers Sigmar Polke (geb. 1941) ist zu lesen: »Wer ist Sigmar Polke? Der gefragteste, renommierteste, teuerste Künstler, den Deutschland zu bieten hat. Was noch? Ein Ironiker und Humorist. Die Ironie gehört zu den wenigen Dingen, die ihm ernst sind. Und die Alchemie. Der Mann ist ein Experimentator aus Leidenschaft. In seiner Zauberküche laboriert er mit grafischen Reproduktionstechniken, chemischen Stoffen und unkalkulierbaren Folgen.«[71] Im Katalog der Polke-Ausstellung *Die drei Lügen der Malerei* in Bonn 1997 ist ein Aufsatz von Martin Hentschel, *Solve et Coagula. Zum Werk Sigmar Polkes* und ein weiterer von Charles W. Haxthausen, *Das Kunstwerk im Zeitalter seiner (al)chemi(sti)schen Umwandelbarkeit. Malerei und Fotografie nach Polke*, zu finden. Polke malt ironisierend die Zahlenquadrate, die bei den Amuletten des Paracelsus eine große Rolle spielen. Er insistiert seit vielen Jahren auf der Alchemie als einem Modell einer synkretistischen Wissenschaft, die für ihn ein Gegenmodell zu dem naturwissenschaftlichen Weltbild darstellt. In der Kunst sucht er die Versöhnung von Natur und Geschichte, die er auch in der Alchemie findet.

In einem Zyklus aus vier Bildern, bei dem er sich der Vorlage des Hermes aus der Kathedrale in Siena bedient, ist ein alchemistischer Wandlungsprozess dargestellt, der sich auch in den Farben zeigt, die von Schwarz über Weiß zum Rot gehen. Polke arbeitet mit transparenten Farbaufgüssen, die zu Schlieren, Rissen, Verwerfungen führen, damit die Verwandelbarkeit andeutend.

Eine weitere Künstlerin, die von Alchemie beeinflusst ist, ist Rebecca Horn (geb. 1944); einige Titel wiesen auf ihr Interesse an der Alchemie hin. In dem Video *La Ferdinanda. Sonate für eine Medici Villa* von 1981 wird zum Spiel des Cellisten Mischa die Geschichte eines Vogels aus der *Chymischen Hochzeit des Christian Rosenkreuz* erzählt. 1981 installiert sie *Die Chymische Hochzeit*[72] auch als eigenständiges Werk. Hier wird der Text aus *Chymische Hochzeit: Christiani Rosenkreuz anno 1459*,[73] Teil der Installation. Auch das Interesse an Quecksilber ist wohl aus der Beschäftigung mit der Alchemie zu verstehen. Dieses flüssige Metall hat die Alchemisten immer fasziniert. Aus dem Jahre 1988 stammt das *Hydra-Piano*[74] mit dem folgenden Text der Künstlerin:

> Das Hydra-Piano
> Die Quecksilberschlange schlummert.
> Sie hat im Trau ein kleines Wägelchen verschluckt
> das sich Tango schiebend
> im Inneren ihres großen Leibes bewegt.

Manfred Scharpf (geb. 1945) illustriert die Smaragdtafel des Hermes. Er beschäftigt sich seit längerem mit der Alchemie. Auch mit Farbpigmenten setzt er sich auseinander und malt bevorzugt mit klassischen Pigmenten, u. a. besonders mit echtem Ultramarin. Die Kunst hat für ihn auch mit der Heilkunst zu tun, seine Heilräume versuchen diese Verbindung herzustellen; auch bei diesen Arbeiten ist der Bezug zur Alchemie offensichtlich.[75] Eines seiner künftigen Projekte wird sich außerdem mit der Alchemistin Isabella Cortese befassen.

Barbara Frahner schließlich zeigte 1988 in der Universitätsbibliothek Gießen ihre Arbeiten, darunter auch ein Alchemiebuch mit Text und Abbildungen.

LITERATUR

Michel Butor (geb. 1926) schrieb: »Die alchemistische Literatur ist uns trotz ihrer offenkundigen Bedeutung für die Geistesgeschichte nur wenig bekannt. Ihre Texte sind oft fesselnd, und ihre Illustrationen drängen sich in unsere Träume; sobald wir jedoch einen genauen Sinn erfassen wollen, stoßen wir auf große Schwierigkeiten.«[76] Dem ist nichts hinzuzufügen, nur dass Texte, die bisher nur schwer zugänglich waren, inzwischen in Form von Reprints relativ leicht zu erhalten sind.

In der Literatur, in Romanen und Theaterstücken, gibt es vielfältige Beschreibungen der Alchemisten; häufig wird der Alchemist als Betrüger oder betrogener Betrüger dargestellt. Es gibt Theaterstücke wie *Der Alchimist* (1610) von Ben Jonson (1572–1637) sowie Biographien und romanhafte Lebensdarstellungen zum Beispiel über Paracelsus oder John Dee. *Der Alchemist* von Paulo Coelho (geb. 1947), ein Bestseller, hat allerdings nicht allzu viel mit Alchemie zu tun, er handelt vielmehr von der Suche nach dem eigenen Selbst. – Trotzdem schrieb der Komponist Walter Taieb (geb. 1969) nach der Lektüre des Romans seine Musik *The Alchemist's Symphony*.

Andere Schriftsteller sind von hermetischer Philosophie und Alchemie beeinflusst, ohne direkt darauf Bezug zu nehmen. – Nur einige wenige seien genannt.

Johann Wolfgang von Goethe führte als junger Mann selbst alchemistische Experimente durch. Geheilt durch ein Geheimmittel des spagyrischen Arztes Johann Friedrich Metz (1720–1787) hatte er begonnen, sich für die Alchemie zu begeistern. Wenn auch die Begeisterung nachließ, so blieb doch diese Beschäftigung nicht ohne Folgen für seine literarische Tätigkeit. Die Tragödie *Faust* wurde, mit einem gewissen Recht, als ein durch und durch alchemistisches Stück bezeichnet. Im ersten Teil geht es um den Erhalt der Jugend und der Manneskraft und wir erfahren, dass der Vater Fausts ein betrügerischer alchemistischer Arzt war. Im zweiten Teil ist die Erfindung des Papiergeldes, wie der Ökonom Hans Christoph Binswanger (geb. 1929) ausführt, ein alchemistischer Prozess. Ein wertloses Stück Papier in etwas Wertvolles, in Geld, zu verwandeln, zu transmutieren, ist reine Alchemie. Allerdings ist kein alchemistisches Verfahren so einfach. Inzwischen liegt eine alchemistische Interpretation des zweiten Teils der Tragödie vor.[77] Auch die moderne Chemie faszinierte Goethe, eine frühe Theorie der chemischen Bindung, die Wahlverwandtschaft genannt wurde, taucht als Titel seines bekannten Romans *Wahlverwandschaften* auf.

Novalis (1722–1801), eigentlich Friedrich Leopold Freiherr von Hardenberg, studierte Chemie und wurde 1799 Salinenassessor, damals ein wichtige und angesehene Tätigkeit. Aus seinen Aufzeichnungen geht hervor, dass er sich der alchemistischen Literatur intensiv widmete. In dem Roman *Die Lehrlinge zu Sais* und dem Romanfragment *Heinrich von Ofterdingen* ist dies erkennbar. Auch seine naturphilosophischen Arbeiten sind von seiner Beschäftigung mit der Alchemie geprägt. In seinem System des »Magischen Idealismus«, in dem der fordert, die Chemie zu poetisieren, ist dies nachzuweisen.[78]

Auch Schriftsteller des 20. Jahrhunderts waren von der Alchemie beeinflusst. Zu nennen sind etwa

James Joyce (1882–1949), Gustav Meyrinck (1868–1932), Werner Bergengruen (1892–1964). Gleich zu Beginn des Romans *Hundert Jahre Einsamkeit* von Gabriel García Marquez (1927–2003) wird ein alchemistisches Labor beschrieben und Antonin Artaud (1896–1948) wies darauf hin, dass zwischen dem Theater und der Alchemie eine geheimnisvolle Wesensgleichheit bestehe.[79]

MUSIK

Eine erste Schrift zur chemischen Musik wird dem oben erwähnten Nicolas Flamel zugeschrieben.

Michael Maier (1569–1622), u. a. Arzt am Hofe des Kaisers Rudolf II. in Prag, brachte die *Atalanta Fugiens* heraus, ein einzigartiges Werk, das das Große Werk mit 50 Fugen, Illustrationen und Kommentaren beschreibt, erläutert und durch Musik und Gesang sinnlich erfahrbar machen soll. Es gibt keine vergleichbare Komposition in der Alchemie.

Die Figur des Alchemisten war auch der Gegenstand von Opern, es soll mindestens 20 Opern gegeben haben, die den Alchemisten, wiederum meist als Betrüger oder betrogenen Betrüger, zum Helden hatten.

Von der Alchemie beeinflusst waren auch verschiedene Komponisten. Wolfgang Amadeus Mozart war Freimaurer, in seiner Loge in Wien soll es ein alchemistisches Labor gegeben haben. *Die Zauberflöte* ist von seiner Mitgliedschaft in der Loge geprägt, ohne Kenntnis der hermetischen Philosophie bleibt sie eine einfache Zauberoper. Eine weitere, sehr ähnliche Oper, bei der Mozart wohl einen Teil der Arien mitkomponiert hat, trägt den Titel *Der Stein der Weisen*. Der Stein der Weisen wird gegen Ende von einem Adler gebracht, und erweckt eine der Hauptpersonen wieder zum Leben; inzwischen gibt es auch eine Einspielung dieser Oper.

PSYCHOLOGIE UND ALCHEMIE

Seit den Arbeiten von Carl Gustav Jung zur Alchemie ist allgemein bekannt, dass die Alchemie auch eine psychologische Komponente hat. Allerdings konnte er sich auf frühere Arbeiten stützen, die das Phänomen bereits behandelten.

So hatte der Amerikaner Ethan Allen Hitchcock (1798–1870) 1857 das Buch *Alchemy and the Alchemists* geschrieben. Hitchcock hatte eine der größten Sammlungen alchemistischer Werke in den Vereinigten Staaten.[80] Er stellte die Behauptung auf, dass die Historiker der Chemie wie Hermann Kopp das wahre Ziel der Alchemisten nicht verstanden hätten. Seiner Meinung nach war das Subjekt der Alchemie der Mensch und das Objekt die Vervollkommnung des Menschen hin zu einer Einheit mit seiner göttlichen Natur. Diese Interpretation der Alchemie als einer spirituellen Suche nach sich selbst hatte einen immensen Einfluss auf die weitere Beschäftigung mit der Alchemie.

Einer der Ersten, der sich mit der psychologischen Bedeutung alchemistischer Texte und Abbildungen beschäftigte, war Herbert Silberer (1882–1923). Sein Buch *Probleme der Mystik und ihrer Symbolik* ist noch immer eine wertvolle Einführung in dieses Gebiet.[81] Dort führt er aus, dass die Sprache der Alchemisten verschiedenen Ebenen gerecht werden musste, die wiederum den drei Prinzipien der Alchemie entsprechen. Dies gilt seiner Meinung nach auch für Sagen und Märchen, die Ähnlichkeit mancher alchemistischen Texte mit diesen lässt sich damit zwanglos erklären.

Naturwissenschaftlich – als Laborvorschrift – entsprechend dem Prinzip Sal – sind keine Anweisungen zu erwarten, wie wir sie heute kennen, denn es sollten ja auch andere Interpretationen möglich sein. Zudem waren die Texte bewusst so verfasst, dass sie nur für andere Alchemisten verständlich waren. Daher besteht die Schwierigkeit, die Texte zu verstehen und daraus brauchbare Laborvorschriften abzuleiten, auch weiterhin.

Eine psychoanalytische Deutung entspricht dem Prinzip Merkur. Der Gott Hermes, der in der Unterwelt, der menschlichen Welt und der Welt der Götter zuhause ist, ist auch für das Unbewusste zuständig.

Das Ziel der Vervollkommnung des Menschen führt zu einer spirituellen Alchemie, die dem Prinzip Sulfur entspricht. Eine solche hermetisch-religiöse Interpretation kann nur in Symbolen und Bildern erfolgen, die mystische Schau Gottes ist nur so darstellbar. Der Mystiker Jacob Böhme (1575–1624), der aber wohl kaum im Labor gearbeitet hat, benutzt alchemistische Begriffe in seinen Schriften, nach Silberer eigentlich nicht allzu verwunderlich.

Diese Ansätze wurden von C. G. Jung fortgeführt. Er untersuchte in seinem Buch *Psychologie und Alchemie*[82] die psychologische Bedeutung der Alchemie.

Ähnlich wie Hitchcock sah er in der Alchemie eine Lebensweise, deren Ziel ein Prozess der Individuation, des Selbsfindens des Alchemisten ist. Nach seiner Meinung projizierten die Alchemisten ihre unbewussten psychischen Prozesse in die geheimnisvolle Welt der Veränderung der Stoffe im Reaktionsgefäß. Die Herstellung des Steins der Weisen wird dann zum Traumbild, das der Alchemist als Wirklichkeit ansieht. Für Jung ist es daher auch notwendig, dass die Beschreibungen der Alchemisten vage blieben, da eine genaue Kenntnis der Stoffe die Projektion zumindest erschweren würde. Die von ihm so genannten Archetypen fand er in den alchemistischen Bildern wieder, denn diese tauchten selbst in Träumen seiner Patienten, die sich niemals mit der Alchemie beschäftigt hatten, auf.

Es ist dies sicherlich einer der Aspekte der Alchemie, die von großer Bedeutung sind. Dennoch muss darauf bestanden werden, dass die Laborarbeit der wesentliche Teil der Alchemie bleibt. Eine nur psychologische Interpretation der Texte kann nicht ausreichen. Die Alchemie war nie ein nur innerpsychisches Problem. Besonders die Alchemisten des 20. Jahrhunderts, wie Alexander von Bernus und Jean Dubuis (geb. 1919), haben die Bedeutung der Laborarbeit gegen eine rein psychologische Interpretation verteidigt.

In *Alchymie und Heilkunst* schreibt Alexander von Bernus: »Hier geht es einzig und allein darum, der Auffassung Jungs, ... auf das entschiedenste entgegenzutreten, weil die Autorität des Schweizer Seelenforschers dazu angetan ist, einen völlig einseitigen Aspekt der Alchymie zu einem wissenschaftlichen Axiom werden zu lassen. Gegenüber der irrigen und, von einer höheren geistigen Warte aus gesehen, völlig oberflächlichen Behauptung Jungs, es handle sich bei den alchymistischen Anweisungen und Bildgebungen ausschließlich um Ausdeutungen seelischer Entwicklungsvorgänge, wird von einem, der sich in den alchymistischen Erlebniskreisen auskennt und den alchymistischen Erfahrensweg auch in dem Sinn der praktischen Alchymie gegangen ist und nicht nur über ihre Zeichensprache und Symbolwelt spintisiert hat, festgestellt: Der sogenannte Stein der Weisen, das geheimnisvolle Elixier ist darstellbar ... Dazu bedarf es einer langen imaginativen Vorbereitung. Hierin hat Jung schon recht. Doch es ist eine willkürliche und grundfalsche Annahme seitens des Schweizer Seelenforschers als Ausfluß des zeitbedingten Standes der Naturwissenschaft, wenn er schreibt: ,Zudem ist es über jeden Zweifel hinaus sicher, daß niemals eine wirkliche Tinktur oder ein künstliches Gold in all den vielen Jahrhunderten, wo man ernstlich laboriert hat, hergestellt wurde. Was also – darf man fragen – hat die alten Alchimisten veranlaßt, unentwegt weiter zu laborieren oder – wie sie sagten – zu operieren und weitere Traktate über die »göttliche Kunst« zu schreiben, wo doch ihr ganzes Unterfangen von eindrucksvoller Hoffnungslosigkeit war?' Eine spätere Zeit – und sie liegt vielleicht nicht einmal allzu ferne – wird zu einem anderen Urteil kommen.«[83]

Und Jean Dubuis, er gründete 1979 in Frankreich eine Gesellschaft *Les Philosophes de la Nature LPN* (Die Philosophen der Natur), äußerte sich in einem Interview mit Mark Stavish, das im Internet zu finden ist, auf die Frage nach einer Definition der Alchemie: »Ich glaube, dass die Alchemie ein Einweihungsweg ist, der keine Täuschung zulässt. Es ist der einzige Einweihungsweg, bei dem es eine objektive Kontrolle im Labor gibt. Wenn Ihre Experimente zeigen, dass Sie über die üblichen materiellen Gesetze des Universums hinausgehen können, zeigt dies, dass Sie ein Alchemist sind, der ein inneres Erwachen erlebt hat. Dies entspricht den Aussagen von Paracelsus, der gesagt hat: »Du wirst nichts transmutieren können, wenn Du Dich nicht zuvor selbst transmutiert hast.«[84]

Insofern ist der Ansatz von Jung durchaus ein Aspekt der Alchemie und der hermetischen Philosophie. Schließlich bedeutet die Verbindung von Alchemie und hermetischer Philosophic auch, dass eine ganze Kosmologie in den Texten und den Abbildungen der alchemistischen Schriften zu finden ist. Dies lässt viele mögliche Interpretationen zu.

Schon Jung war aufgefallen, dass viele der Abbildungen in den Schriften der Alchemie Mandalas entsprechen. Das Wort »Mandala« kommt aus dem Sanskrit und bedeutet Kreis, auch Zauberkreis, meist wird es für kreisförmige oder auch quadratische angeordnete symbolische Bilder benutzt, die eine spirituelle Bedeutung haben.

In jüngster Zeit hat sich besonders Adam McLean mit alchemistischen Mandalas beschäftigt.[85] Seiner

Meinung nach sind abendländische Mandalas eine vergessene Form von Symbolen, die zur Medidation dienten. Man sollte aber vorsichtig sein, die Beschäftigung mit diesen Bildern kann verstörend sein, immerhin ist es eine Begegnung mit dem eigenen Unbewussten. McLean betreut übrigens die beste Internetseite zur Alchemie.[86] Er bietet auch Kurse über das Internet an, in denen die Symbole der Alchemie erläutert werden.

Der amerikanische Tiefenpsychologe Edward F. Edinger geht von Jung ausgehend weiter. Er meint, dass eine klare Analogie der Bewusstwerdung mit dem alchemistischen Prozess besteht. Er hat in seinem Buch *Anatomy of the Psyche*[87] die alchemistischen Operationen des Großen Werks mit psychischen Entsprechungen erläutert und sagt, er habe damit eine Anatomie der Psyche entwickelt.

Sieben Stufen werden dabei unterschieden: *Calcinatio*, *Solutio*, *Coagulatio*, *Sublimatio*, *Morteficatio* oder *Putrefactio*, *Separatio* und *Coniunctio*. Er führt aus, dass zum Beispiel in der *Calcinatio*, bei der durch Einwirkung des Feuers Substanzen zerstört werden, die Metalle getötet werden; so wird in dieser Stufe die bewusste Persönlichkeit zerstört, die bisher regierenden Prinzipien, die ein Veränderung verhindern, müssen aufgegeben werden.

In der Endstufe, der *Coniunctio*, der Vereinigung der Gegensätze, der chymischen Hochzeit, ergibt sich bei ihm Liebe, Neugierde, der Wunsch nicht allein zu sein und der nach sexueller Vereinigung.

ALCHEMIE HEUTE

Die Phlogistontheorie kennzeichnet den Beginn des Niedergangs der Alchemie. Zwar war sie durchaus aus Beobachtungen abgeleitet, denn bei der Verbrennung geht ja etwas verloren, manche Stoffe wie zum Beispiel Alkohol verschwinden dabei völlig, andere wie Holz lassen nur wenig Asche zurück. Es lag also nahe, anzunehmen, ein Feuerstoff würde bei der Verbrennung entweichen. Die Suche nach diesem Feuerstoff führte zur Entdeckung des Sauerstoffs und damit zu der modernen Chemie, die die Alchemie vollständig verdrängte.

Die Alchemie wird heute in ihren Vorstellungen über die Welt nicht mehr ernst genommen. Mit der hermetischen Philosophie befassen sich an Universitäten die Religionswissenschaftler, in Paris und Amsterdam gibt es dafür Professuren.

Was bleibt also? Die Spagyrik. Es gibt immer noch kleine Betriebe, die Heilmittel auf spagyrische Weise herstellen. Die besondere Therapierichtung »Spagyrik« wird in Diagnose, Therapie und Prophylaxe immer noch weiterentwickelt, auch wenn die Perspektiven nicht gut sind; besondere Therapierichtungen haben es schwer, sich gegen die herrschenden Auffassungen in der Medizin zu behaupten.

Und es gibt weiterhin Personen, die Alchemie betreiben, auf der Suche nach dem Stein der Weisen.

Der Begriff Alchemie taucht aber immer wieder in den verschiedensten Zusammenhängen auf. Der Werbewert des Wortes hat eher zugenommen. So heißt eine Kapital-Wagnisgesellschaft von John Moulton *Alchemy*. Dies wurde im Februar 2000 einer breiteren Öffentlichkeit bekannt, als diese Gesellschaft die englische Traditionsfirma Rover von BMW kaufen wollte. Es gibt eine weitere Firma, die sich *Alchemy* nennt, sie entwickelt neue Chips für Computer. Selbst ein Rechenprogramm zur Molekülberechnungen nennt sich *Alchemy 2000*, es ist »Die praxisorientierte Lösung für Laborchemiker«, wie in der Ankündigung zu lesen ist.

Festzustellen ist allerdings, dass in vielen Fällen unter Alchemie nur eine Transformation oder gar jede Veränderung verstanden wird. So gab es eine Anzeige für ein neues Parfum von Rochas mit dem Namen *Alchimie*, in der geschrieben stand: »Rechtzeitig zum Jahreswechsel[88] bringt Rochas ein Parfum auf den Markt, das alles bisher Gewesene umstoßen soll: *Alchimie* ist eine Transformation der Stoffe zu einem neuen Duftererlebnis.« und dann heißt es: »Die griechische ‚Alchimie' diente als Vorlage für die Duftkreation. Denn die ‚Lehre von der Umwandlung der Materie' in einen neuen Stoff bringt immer neue Kreationen hervor. Eine davon ist die Kreation des gleichnamigen Duftes: *Alchimie*, das neue Parfum von Rochas, will die Gegensätze der Natur und der Menschen aufdecken.« Nichts mitgeteilt wird darüber, ob zum Beispiel die Essenzen des Parfums nach alchemistischen Vorschriften hergestellt wurden.

Alchemie beginnt mit A, in alphabetischen Listen ist das Wort daher weit vorne zu finden, möglicherweise ein weiterer Grund für die Beliebtheit. Allerdings ist der Name Alchemie auch nicht geschützt und erweckt wohl den Anschein, etwas Besonderes zu sein.

Aus der Wissenschaft des Altertums und des Mittelalters ging selbstverständlich unsere heutige Wissenschaft hervor, sie ist nicht traditionslos. Inzwischen beginnen sich jedoch auch Naturwissenschaftler wieder für die Geschichte ihres Fachs und damit auch der Alchemie zu interessieren. Doch es war nur ein Strang, der zu unserer Wissenschaft führte, und es gilt, die andere Hälfte des Pythagoras wieder bewusst zu machen durch das Studium einer Wissenschaft, die in der Geschichte eine bedeutende Rolle spielte: der Alchemie. Sie war immer ganzheitlich und ließ den Qualitäten ihre Bedeutung, musste aber der neuen Wissenschaft weichen, die nur noch Zahlen, nur noch quantitative Relationen akzeptierte. Das Studium der Alchemie kann uns vielleicht helfen, die Natur wieder besser zu verstehen. Dazu bedarf es aber anderer Erkenntnisformen als diejenigen der Naturwissenschaften. Erkenntnisformen, wie wir sie aus der Kunst kennen, die wir als hermeneutische Methoden bezeichnen und die damit wiederum auf den legendären Begründer der Alchemie Hermes Trismegistos verweisen.

In einem Aufsatz mit dem Titel *Technology and the Spirit of Alchemy*, schreibt Giuseppe del Re (geb. 1932), theoretischer Chemiker an der Universität Neapel: »Diejenigen, die Technologien entwickeln, ohne eine Spur des Geistes der Alchemie zu besitzen, d. h. ohne eine parallele Entwicklung ihrer Spiritualität und besonders ihres Gefühls für Verantwortung, werden zu den zerstörerischen Krankheiten unserer Gesellschaft – Ignoranz und Neurosen – beitragen, für die es dann kein Heilmittel mehr geben wird.«[89]

Tadeusz Reichstein (1897–1996), Nobelpreisträger von 1950, führte 1931 in seiner Antrittsvorlesung in Zürich unter dem Thema *Die Bedeutung der Alchemie* aus: »Wer weiß, ob nicht das, was heute so verachtet wird, dass keiner davon sprechen mag, dasjenige ist, das in naher Zukunft Bedeutung erlangt.«[90] Wollen wir hoffen, dass wir rechtzeitig zurückfinden zu einem Umgang mit der Natur, der das Überleben der Menschheit nicht in Frage stellt. Das Studium der Alchemie, einer Wissenschaft, die versuchte Erkenntnis und Moral im Namen der Vernunft zu verbinden, kann uns vielleicht dabei helfen. Wenn nicht aus der Geschichte, wo sonst können wir dafür lernen?

ANMERKUNGEN

1 Siehe auch Liedtke, Ralf: »Technologische Postmoderne oder hermetisches Zeitalter?« In: Figala, Karin/Gebelein, Helmut (Hg.), *Hermetik und Alchemie*. Gaggenau 2003, S. 16

2 Scherr, Johannes: *Deutsche Kultur- und Sittengeschichte in drei Bänden*, Berlin o. J. Bd. I, S. 299 f.

3 Dies sind die chemisch exakten Bezeichnungen für Essigsäure und Milchzucker.

4 Wer entscheidet darüber, wer eingeweiht werden darf? Dies ist oft genug die entscheidende Frage. Mit der Alchemie ist eine hierarchische Struktur nicht zu vereinbaren. »Du musst alles selber machen« ist eine ihrer wichtigsten Aussagen, denn niemand kann Erfahrungen stellvertretend für andere machen.

5 Ein Beispiel solcher Literatur ist Bruder Amo: *Mitteilungen eines Eremiten*. Stühlingen 1982. Der Alchemist Frater Albertus (1911–1984) hat in seinem Roman *Der Alchemist von den Rocky Mountains*. Zürich 1980 ebenfalls einige Erzählungen dieses Genres unkommentiert übernommen. Niemand scheint sich dabei zu fragen, warum diese Weisen, die doch die Menschheit führen sollen, es zulassen, dass wir zum Beispiel mit unserer Natur so umgehen, wie wir es tun.

6 Karpenko, Vladimir: »The Discovery of Supposed New Elements. Two Centuries of Errors,« in: *Ambix* 27 (1980), S. 77 ff.

7 Sladek, Mirko: *Die Fragmente der hermetischen Philosophie in der Naturphilosophie der Neuzeit*. Frankfurt am Main/Bern/New York 1984.

8 Burckhardt, Titus: *Alchemie. Sinn und Weltbild*. Olten/Freiburg 1960.

9 Adorno, Theodor W./Horkheimer, Max: *Dialektik der Aufklärung*. Amsterdam 1955, S. 30

10 Zitiert in Gebelein, Helmut: *Alchemie*. München 1991, S. 14
11 Temple, R. K. G.: *Das Land der fliegenden Drachen*. Bergisch-Gladbach 1990, S. 10
12 Dobbs, B. J. T.: *The Foundation of Newton's Alchemy or the »Hunting of the Green Lyon«*. Cambridge 1975, S. 194 ff.
13 Lenglet du Fresnoy, Nicolas: *Histoire de la Philosophie Hermétique*. Paris 1742
14 So allerdings nur bei Zedler, Johann Heinrich: *Großes Vollständiges Universal Lexikon*. Zürich 1793
15 Zitiert nach Pagels, Elaine: *Versuchung durch Erkenntnis*. Frankfurt 1987
16 51, Rue de Montmorency
17 Gebelein: 1991, S. 116 ff.
18 Eis, Gerhard: »Von der Rede und dem Schweigen der Alchemisten«. In: *Dt. Vschbr.* 25, 1951, S. 422
19 Pagels, S. 56
20 Schmieder, K. Chr.: *Geschichte der Alchemie*. Halle 1832, S. 1 ff.
21 Jung, Carl Gustav: *Psychologie und Alchemie*. Freiburg 1975
22 Goethe, Johann Wolfgang von: *Werke. Faust*. Vers: 2802-04
23 Flüeler, Niklaus/Speich, Sebastain: *Das Buch vom Gold*. Luzern/Frankfurt am Main 1975, S. 62.
24 Enders, Franz Karl/Schimmel, Annemarie: *Das Mysterium der Zahl*. Köln 1984, S. 289.
25 Seifen ist in der Chemie die Bezeichnung für Salze der Fettsäuren. Seifengold hat damit nichts zu tun.
26 Förster, Otto: *Das Gold der Kelten*. Stuttgart 1997, S. 112 ff.
27 Förster: 1997, S. 148. Dort sind Gerätschaften aus einer Ausgrabung in Südböhmen beschrieben und abgebildet, darunter ein Schafspelz.
28 Gebelein: 1991, S. 105 ff.
29 Förster: 1997, S. 15
30 Förster: 1997, S. 84
31 Förster: 1997, S. 125

32 Förster: 1997, S. 128
33 Förster: 1997, 131 f.
34 Liebig, Justus von: *Liebigs Experimentalvorlesung*. Weinheim 1983, S. 318.
35 Asimov, Isaak: *Biographische Enzyklopädie der Naturwissenschaften und der Technik*. Freiburg/Basel/Wien 1973. S. 37
36 Küttner, M.: *Psychedelische Handlungselemente in den Märchen der Gebrüder Grimm*, Gießen 1992, S. 313 ff.
37 Aus http://www.levity.com/alchemy/nelson2_1.html
38 Bronze oder »spanisches Gold« hieß in Spanien »germanisches Gold«.
39 Seiler, Benjamin: »Könner der hermetischen Kunst«, in: *ZeitenSchrift* 19 (1998), S. 3 ff.
40 Rueb, Franz: *Mythos Paracelsus*. Berlin/München 1995, S. 66
41 Golowin, Sergius: *Paracelsus im Märchenland*. Basel 1980
42 Schmieder, Karl Christoph: *Geschichte der Alchemie*, Halle 1832, Langen 1987, S. 265
43 *Römpp Chemie Lexikon*. Stuttgart/New York, 9. Auflage auf CD-ROM
44 *Meyers Enzyklopädisches Lexikon in 25 Bänden*. Mannheim/Wien/Zürich 1971 ff.
45 Paracelsus: *Sämtliche Werke in 4 Bänden*, herausgegeben von Bernhard Aschner, Jena 1932 und Anger 1993
46 Paracelsus: *Sämtliche Werke in 14 Bänden*, herausgegeben von Karl Sudhoff, Berlin 1922–1933
47 Libavius, Andreas: *Alchemie*, Weinheim 1964
48 Aschner: Band I, S. 75
49 Aschner: Band I, S. 28
50 Aschner: Band IV, S. 383
51 Aschner: Band I, S. 4
52 Grossinger, Richard: *Wege des Heilens*. München 1982, S. 431
53 Aschner: Band I, S. 29
54 Aschner: Band I, S. 61
55 Aschner: Band I, S. 62

56 Frisch, Otto R.: »Why?« In: Duncan, Ronald/Weston-Smith, Miranda (Hg.): *The Encyclopaedia of Ignorance*. Oxford/Toronto/Sydney/Paris/Frankfurt am Main 1977, S. 1
57 Sudhoff: XI, S. 154
58 Siehe Helmrich, H.E.: *Spagyrik. Alter Wein in neuen Schläuchen*, Heidelberg 1977. Auch Braun, Lucien: *Paracelsus*, Zürich 1988, S. 127
59 Aschner: Band I, S. 9
60 Aschner: Band I, S. 1 ff.
61 Hermann E. Helmrich: *Dr. med Zimpel's spagyrisches Heilverfahren*. Chem.-pharmazeut. Fabrik Göppingen, Göppingen 1952
62 Appell, Rainer: »Homöopathie. Zwischen Alchemie und szientistischem Selbstverständnis«, in: Figala/Gebelein, 2003, S. 197 ff.
63 Libavius, Andreas: *Alchemie – Ein Lehrbuch der Chemie aus dem Jahre 1597*. Weinheim 1964, S. 356
64 Agricola, Johannes: *Chymische Medizin. Ein Kompendium der Bereitung und Anwendung alchemistischer Heilmittel*. Elberfeld 2000
65 *Glauberus Concentratus. Der Kern der Glauberischen Schrifften*. Leipzig/Breslau 1715
66 Steger, W.: »Phönix Plumbum 024 A zur Behandlung von Colon irritabile und Gallenwegsdyskinesien.« In: *Ärztezeitschrift für Naturheilverfahren* 3 (1998), S. 228-240
67 Lennep, Jacques van: *Alchimie*, Bruxelles 1985
68 Fulcanelli: *Les Mystères des Cathédrales*. Paris 1979
69 Stachelhaus, Heiner: *Joseph Beuys*. München
70 Charlet, Nicolas: *Yves Klein*. München/London/New York 2000, S. 187 ff.
71 Stern 14, 2001, S. 238
72 Haenlein, Carl: *Rebecca Horn*. The Glance of Infinity. Zürich/Berlin/New York o. J., Abb. 49, S. 99
73 Andreae, Johann, Valentin: *Chymische Hochzeit: Christiani Rosenkreutz anno 1459*. Straßburg 1616.
74 Haenlein: Abb. 72, S. 143
75 Gebelein, Helmut: »Splendor Artis. Manfred Scharpf und die Alchemie.« In: Scharpf-Tejová,

Renata: *Passion. Manfred Scharpf Anekdoten – Bilder – Dokumente*. Langenargen 2003, S. 138
76 Butor, Michel: *Die Alchemie und ihre Sprache*. Frankfurt am Main/Paris 1984, S. 13
77 Raphael, Alice: *Goethe und der Stein der Weisen*. Amsterdam 1990
78 Liedtke, Ralf: *Das romantische Paradigma der Chemie – Friedrich von Hardenbergs Naturphilosophie zwischen Empirie und alchemistischer Spekulation*. Paderborn 2003
79 Artaud, Antonin: *Das Theater und sein Double*. Frankfurt am Main 1965
80 Warlick, M. E.: *Max Ernst and the Alchemy*, Austin 2001, S. 22
81 Silberer, Herbert: *Probleme der Mystik und ihrer Symbolik*. Wien 1914, Darmstadt 1961, Sinzheim 1997
82 Jung, Carl Gustav: *Psychologie und Alchemie*. Freiburg 1975
83 Bernus, Alexander von: *Alchymie und Heilkunst*. Nürnberg 1964, S. 37
84 An Interview with Jean Dubuis by Mark Stavish, 1998. Zu finden über die Alchemy Web Seite: http://www. levity.com/alchemy.
85 McLean, Adam: *The Alchemical Mandala*. Grand Rapids 1989.
86 www.levity.com/alchemy
87 Edinger, Edward F.: *Anatomy of the Psyche*. La Salle, Illinois 1985
88 Gemeint ist der Jahreswechsel 1998/1999
89 Del Re, Giuseppe: »Technology and the Spirit of Alchemy«, in: *Hyle* 3 (1997), S. 51-63
90 Reichstein Tadeusz: *The Meaning of Alchemy*. 1991, S. 14. (Mir liegt nur die englische Übersetzung von Isabel und Alfred Bader vor, die ich von der Firma Aldrich erhielt.)

DER AUTOR

Helmut Gebelein, Jahrgang 1940, studierte Chemie an der Johann-Wolfgang-Goethe-Universität Franfurt am Main, am *Institut de Biologie physico-chimique* der Universität Paris und am Max-Planck-Institut für Physik und Astrophysik. 1969 promovierte er in Theoretischer Chemie an der Johann-Wolfgang-Goethe-Universität und ging anschließend (als Postdoc) an die Universität Tel Aviv. Danach unterrichtete er Chemie an der Ernst-Reuter-Gesamtschule in Frankfurt am Main und war wissenschaftlicher Mitarbeiter am Institut für Wasser-, Boden- und Lufthygiene des Bundesgesundheitsamts. Seit 1972 ist Helmut Gebelein Professor für Didaktik der Chemie an der Justus-Liebig-Universität Gießen. Er beschäftigt sich u. a. mit der Geschichte und Philosophie der Naturwissenschaften.

GLOSSAR

Adept Der Adept ist der Alchemist, der das Geheimnis der Herstellung des Steins der Weisen kennt. Die Adepten gaben sich meist nicht zu erkennen, da sie befürchten mussten, gefangen genommen und gefoltert zu werden. Das Geheimwissen war auch aus moralischen Gründen nicht für die Öffentlichkeit bestimmt.

Alkahest oder Menstruum universale Alkahest ist das universelle Lösungsmittel der Alchemisten. Es sollte die Stoffe in die drei Prinzipien Sal, Sulfur und Merkur zerlegen können. Es gab daneben weitere Menstrua, Lösungsmittel. Bei der Suche nach diesen Lösungsmitteln wurden eine Reihe von chemischen Verbindungen gefunden, zum Beispiel die Salzsäure.

Alkohol Normalerweise Bezeichnung für den Ethylalkohol oder Ethanol (CH_3CH_2OH). Andere Namen für den Alkohol sind Weingeist = *Spiritus vini*, *Aqua ardens* = brennbares Wasser oder *Aqua vitae* = Lebenwasser. Das Wort kommt vom arabischen *al-kuhl*, so nannten die Araber aber den Stibnit, ein Antimonmineral, das fein zerrieben schon bei den Ägyptern als Schminke in Gebrauch war. Später wurden alle fein verteilten Stoffe als *alcool* bezeichnet. Paracelsus nannte den Weingeist »alcool vini«, als feinsten Teil des Weines. Bei einer Gärung mit Hefen ergeben sich Alkoholgehalte bis zu 15 Prozent. Brennbares Wasser wird aber schon in der Antike erwähnt, Alkohol brennt aber erst ab einem Gehalt von 45 Prozent. Die Alten kannten wohl schon eine einfache Destillation. Die Wasserkühlung, die im 12. Jahrhundert erfunden wurde, erlaubte Alkohol mit hohem Alkoholgehalt herzustellen. Er galt als Heilmittel, besonders versetzt mit Kräuterauszügen, und als ein wichtiges Lösungsmittel. Aceton, aus Bleizucker (Bleiacetat) gewonnen, war einigen Alchemisten zufolge der geheime Weingeist der Adepten.

Antimon Unter Antimon wird in der Alchemie meist nicht das Metall, sondern das Mineral Stibnit oder Antimonit, ein grauschwarzes Antimon(III)sulfid Sb_2S_3 verstanden. Metallisches Antimon war schon lange bekannt, wurde aber auch mit Blei gleichgesetzt. Das Volumen des Metalls nimmt beim Erstarren zu, eine Eigenschaft, die sonst nur vom Wasser bekannt ist, was das Interesse der Alchemisten weckte. Es gibt Legierungen mit Antimon, die einen niedrigen Schmelzpunkt haben, damit war neben der Wässrigkeit auch ein merkuriales Verhalten, eine Ähnlichkeit mit dem einzigen flüssigen Metall, Quecksilber, vorhanden. Einer Legende zufolge soll der Name von *Anti moins* = »Gegen Mönche« abgeleitet sein. Schweine werden schneller fett, wenn ihrem Futter Antimon zugesetzt wird. Ein Mönch soll dies bei seinen Mitbrüdern versucht haben, doch diese starben. Dennoch war Antimon als Heilmittel lange Zeit eine richtiggehende Mode.

Arkanum Das Geheime, Geheimwissen; meint Wissen, das geheim gehalten werden muss. Es wird deshalb in einer Arkansprache = Geheimsprache weitergegeben. Die Lehre der Alchemie war und ist eine Arkandisziplin, ein Geheimwissenschaft. Paracelsus unterscheidet Medikamente und Arkana, Medikamente sind einfache Zubereitungen, Arkana sind Heilmittel, die das Wesen der zu Grunde liegenden Substanz enthalten; sie müssen auf alchemistische, spagyrische Weise hergestellt werden. Als Arkana werden auch Zubereitungen verstanden, deren Zusammensetzung geheim gehalten wird.

Aurum potabile Trinkbares Gold galt als Lebenselixier. Aus dem Gold sollte sein Wesen ausgezogen werden, angezeigt durch die goldgelbe Farbe der Lösung. Unter *Aurum potabile* wurden keine einfachen Goldsalzlösungen verstanden, mit verschiedenen Menstrua wurde vielmehr versucht, die Farbe des Goldes auszuziehen, es sollte dann ein weißer Goldkalk übrigbleiben. Goldgelbe Kräuterliköre wurden aus Werbegründen als *Aurum potabile* bezeichnet, manchmal wurde ihnen Blattgoldstücke zugesetzt.

Bronze Legierung aus Kupfer und Zinn, die in der Menschheitsgeschichte eine große Bedeutung hatte. Die Tatsache, dass durch Zusatz von Mineralien oder Metallen die ursprünglichen Metalle eine andere Farbe erhalten, galt als Beleg für die Möglichkeit der Umwandlung der Metalle, denn eine wichtige Eigenschaft, die Farbe, hatte sich geändert. Goldgelbe Bronze war dem Gold schon recht nahe. Von allen reinen Metallen sind nur Kupfer und Gold farbig.

Caput mortuum Totenkopf. Rückstand beim Erhitzen, der durch Feuer nicht mehr veränderbar ist. Meist Eisen(III)oxid Fe_2O_3 aus der trockenen Destillation von Eisen(II)sulfat, das noch heute unter dem Namen Caput Mortuum als Farbpigment zu kaufen ist. Das Caput mortuum wurde häufig für weitere Arbeiten als wertlos betrachtet, doch gibt es auch Vorschriften, es aufzuarbeiten und daraus mit verschiedenen Lösungsmitteln ein besonders wertvolles, da nur schwer zu erhaltendes Salz zu gewinnen.

Chemiatrie oder Iatrochemie Anwendung der alchemistischen Verfahren zur Heilmittelherstellung. Iatrochemie leitet sich ab vom griechischen *Iatros* = Arzt. Die Chemiatrie bereitet die Pflanzen, Mineralien, Metalle etc. für Zwecke der Medizin alchemistisch auf; bis dahin standen sie als Naturstoffe zur Verfügung. Die Indikationen der Pflanzen zum Beispiel beziehen sich auf die Pflanze, wie sie gewachsen ist, nicht auf chemisch-alchemistisch veränderte Präparate.

Elektron, Elektrum, Asem Hellgelbe bis silberglänzende Legierung aus Gold und Silber, ihr Name kommt vom griechischen *elektros* = strahlend. Elektron hieß auch der Bernstein, aus dem nach dem Reiben Funken gezogen werden können (statische Elektrizität), der Name für das negativ geladene Kernbauteilchen Elektron geht auf den Bernstein zurück. Asem hieß diese Legierung in Ägypten, sie ist auch als Weißgold bekannt. Es gibt viele antike Vorschriften, die ähnliche Legierungen ergeben. Echtes Gold zu strecken, eine Legierung zu erhalten, die die Farbe des Goldes hat, war ein Ziel der Arbeiten der frühen Alchemisten. Die Verdoppelung (Diplosis) oder Verdreifachung (Triplosis) von Gold durch Asem wird öfter beschrieben.

Elemente Früher galten Erde, Wasser, Luft und Feuer als Elemente. Diese Elemente wurden durch Eigenschaften gekennzeichnet: Erde ist kalt und trocken, Wasser kalt und feucht, Luft warm und feucht und Feuer warm und trocken. Die Elemente können durch Veränderung dieser Eigenschaften ineinander überführt werden. Erwärmt man zum Beispiel Wasser, so verliert es die Kälte und wird zu Luft. Der moderne Elementbegriff, nach dem ein Element ein Stoff ist, der chemisch nicht mehr zerlegt werden kann, entstand erst im 18. Jahrhundert.

Essenz Die Essenz enthält das Gute einer Substanz. Dieses muss durch den Alchemisten aus der Substanz befreit werden, damit es heilend wirken kann. Diese alchemistische Arbeit nennt Pracelsus Spagyrik. Eine spagyrische Essenz ist farblos, enthält aber das Wesentliche der Pflanze oder des Minerals.

Hermaphrodit Zweigeschlechtliches Wesen. Sohn des Gottes Hermes und der Göttin Aphrodite. Symbol der Vereinigung des Männlichen und des Weiblichen bei der Herstellung des Steins der Weisen. Plato hatte angenommen, dass die Urgötter zweigeschlechtlich waren, auch der erstgeschaffene Mensch Adam Kadmos, den Gott nach seinem Bilde schuf, war zweigeschlechtlich oder ungeschlechtlich. Der Hermaphrodit wird u. a. mit Planetensymbolen, die die Metalle symbolisieren. mit Flügeln, die die Flüchtigkeit des Merkur andeuten, und drei Schlangen in einem Kelch, die für die drei Prinzipien stehen, dargestellt.

Materia Prima Nach Aristoteles bestehen alle Dinge aus einer ungeformten ersten Materie, der erst durch eine aufgeprägte Form Wirklichkeit zukommt. Der Zweck aller Dinge ist, sich zu vervollkommnen; alle Metalle wollen zu Gold werden, das Metall, das auch Gott symbolisiert. Das Konzept der Materia Prima war eine Grundlage der Alchemie. Die *Materia Prima* hat die Farbe Schwarz, die Schwärze der Ausgangsstoffe war daher ein notwendiges Anzeichen, auf dem richtigen Weg zu sein.

Merkur Der Merkur ist das Prinzip des Flüssigen und des Flüchtigen sowie des Metallischen. Quecksilber ist ein guter Repräsentant des Merkur-Prinzips, es ist aber nicht der »wahre Merkur der Philosophen«. Im Pflanzenreich wird meist der Alkohol als Merkur angesehen. In der Drei-Prinzipien-Lehre wird der Merkur auch als Geist bezeichnet; er gilt auch als weiblich.

Opus magnum Großes Werk; die Herstellung des Steins der Weisen, der unedle Metalle in Gold verwandeln kann. Dieses Werk ist ein komplizierter Prozess. Es gibt Vorschriften in 7, 8 und 12 Stufen oder Schritten. Weitgehend Einigkeit herrscht über die Farben, die im Verlauf des Großen Werks auftreten: Schwarz, Weiß und Rot. Maria die Alchemistin hat noch Gelb vor dem Rot hinzugefügt. Bei diesem Prozess wurden verschiedene Arbeitsmethoden benutzt, die auch heute noch in der Chemie angewendet werden (s. zum Beispiel Priesner, Claus und Figala, Karin: Alchemie. Lexikon einer hermetischen Wissenschaft. München, 1998. Stichwort: Arbeitsmethoden)

Opus minor Kleines Werk; Herstellung eines Steins, der unedle Metalle in Silber verwandeln kann. Dieser Stein kann in den wahren Stein der Weisen überführt werden. Gelegentlich wird auch die Bereitung einer Essenz aus Pflanzen als Kleines Werk bezeichnet.

Panacea Universalheilmittel, kann aus dem Stein der Weisen gewonnen werden.

Planeten Die fünf in der Antike bekannten Wandersterne sowie Sonne und Mond ergeben die klassischen 7 Planeten, die mit den Wochentagen verbunden sind. Die Planetensymbole sind auch den Metallen zugeordnet. In der Medizin der Alten werden den Planeten zudem Köperregionen zugeordnet.

Quintessenz Die höchste Stufe der Essenz. Entspricht dem innersten Wesenskern einer Substanz. Mit den vier Elementen waren Bewegungen verbunden: die Erde absolut nach unten, Wasser relativ nach unten, Luft relativ nach oben, Feuer absolut nach oben. Für die kreisförmige Bewegung der Gestirne gibt es das fünfte, die Quintessenz. Bei den Alchemisten steht die Quintessenz höher als die vier anderen Elemente. In der Folge gibt es verschiedene Quintessenzen, so zum Beispiel die *Quintessentia vini*, den Weingeist, der die Elemente Wasser und Feuer in sich vereint – er ist wässrig und brennbar – und daher eine wissenschaftliche Sensation war.

Sal Das Prinzip Sal ist das Feste, Unbrennbare und durch das Feuer nicht Zerstörbare. Sal entspricht dem Körper. Das gemeine Kochsalz ist ein guter Repräsentant dieses Prinzips; es kann erhitzt und geschmolzen werden, wird beim Abkühlen jedoch wieder zu Salz.

Samen Der Same enthält den Plan und das Wesen der aus ihm hervorgehenden Geschöpfe. Der weibliche Same ist die Materie (von Mater = Mutter), der männliche Same liefert die Form.

Spagyrik Für Spagryik finden sich drei Bedeutungen: 1. Spagyrik als besondere Therapierichtung, 2. Spagyrik als Methode der Heilmittelherstellung nach alchemistischen Prinzipien, 3. Spagyrik als Teil der Alchemie, der sich mit nur chemischen Reaktionen befasst.

Stein der Weisen, Lapis philosophorum, Pulver der Projektion Das Mittel, das unedle Metalle in Gold umwandeln kann. Der Stein ist kein Stein, sondern ein goldgelbes oder rotes Pulver, das dem Feuer wie ein Stein widersteht; das Pulver der Projektion, da es auf ein unedles Metall aufgebracht, projeziert, dieses in Gold umwandelt.

Sulfur Das Prinzip Sulfur bezeichnet das Brennbare und Ölige. Es entspricht der Seele. Die ätherischen Öle der Pflanzen sind der Sulfur der Pflanzen. Gemeiner Schwefel ist ein guter Repräsentant des Sulfur-Prinzips, er verbrennt mit blauer Flamme. Allerdings ist auch Alkohol (Prinzip Merkur) brennbar. Die beiden Prinzipien werden nicht immer eindeutig unterschieden. Sulfur gilt auch als männlich.

Tinktur Die Tinktur ist zunächst eine Lösung, die tingiert, färbt. Auf ein unedles, silberfarbenes Metall aufgebracht, färbt es dieses goldfarben. Dies gelingt zum Beispiel bei Silber durch Spuren von Schwefelwasserstoff. Später werden farbige Auszüge aus Pflanzen als Tinkturen bezeichnet. Solche Tinkturen können durch einfache Mazeration, Einlegen in eine geeignete Flüssigkeit, meist Alkohol, erhalten werden, sie können auch spagyrisch hergestellt werden, dann werden die kalzinierten Aschen der Pflanze zugesetzt und filtriert.

Transelementation Umwandlung der Elemente. Bis zum modernen Elementkonzept eine Umwandlung der Elemente Erde, Wasser, Luft und Feuer ineinander. Die Umwandlung unedler Metalle zu Gold wird erst mit dem modernen Elementkonzept zur Transelementation.

Transmutation Umwandlung unedler Metalle zu Silber oder Gold. Bis zum modernen Elementenkonzept eine »einfache« Stoffumwandlung. Nicht nur die Veränderungen bei Metallen, auch andere wurden als Transmutation bezeichnet, zum Beispiel die Versteinerung von Holz.

Vitriol Bezeichnung für Sulfate. Abkürzung für *Visita Interiora Terrae, Recticando Inveniens Occultum Lapidem* = Besuche das Innere der Erde, durch Läuterung wirst du den verborgenen Stein finden. Vitriol kann auch ein Deckname für den Stein der Weisen sein. Andererseits war und ist Schwefelsäure eine der wichtigsten Grundchemikalien.

REGISTER